【文庫クセジュ】

ツール・ド・フランス100話

ムスタファ・ケスス/クレマン・ラコンブ著
斎藤かぐみ訳

Mustapha Kessous et Clément Lacombe,
Les 100 histoires du Tour de France
(Collection QUE SAIS-JE? N°3971)

目次

前書き

黄金色に染めあげられる一時《ひととき》だ。ゆっくりとした深呼吸とともに、フランスの夏が始まる。一九〇三年から毎年くりかえし上演され、すでに百年の歴史を誇る古典劇が、二つの輪をもつ武器とともに幕を開ける。ツール・ド・フランス、だれもが認める自転車レースの世界最高峰。

愛され、嫌われ、悪口や嘲笑の的になってきた。とはいえツールのない七月なんて、暑くない夏みたいなものだ。二つの大戦が起きても、ドーピングが蔓延しても、ツールは不死身のごとく生きのびた。

そして二〇一三年に一〇〇回目を迎える〔原著は二〇一三年五月に刊行〕。アンリ・デグランジュの時代はいまやむかしだ。じきにフランスの国境をなぞる壮大なものとなったルート。選手たちは開拓者として、石ころだらけのでこぼこ道を切りひらいていった。ひとつひとつのステージが探検だった〔ツール・ド・フランスは、「ステージ」と呼ばれる複数の区間からなるステージレースに分類される〕。アスファルトのパイオニアたちは、夜間も走りつづけなければならなかった。ウールのジャージ、薄いソックス、胴まわりには予備のタイヤチューブというでたちで、この超人的な冒険にたったひとりで立ちむかった。なじみの道づれは苦痛だけだった。

かつてのプロトン〔走者の一団のこと。もともとは毛糸などの小さな玉を指す語〕はハイテク集団に変貌した。偶然の働く余地は一ミリたりともない。レーザーでカットされた自転車にまたがって、世界中の選手が同じような呼吸をし、同じような汗を流しながら、あの特別なレースをめざしてトレーニングにはげむ。一〇〇回分のツールのルートを合計すると三五万キロ以上、地球から月までの距離に匹敵する。出走した選手は一万人を超える。でも、あのあこがれのジャージ、マイヨ・ジョーヌに袖を通す栄誉にあずかった者は、たかだか二五〇人ほどしかいない。

ツールを追う。それはバカでかいマシーンについていくようなものだ。今なお観衆やリポーターの手の届くところにいる選手たちとふれあうことだ。ツールはものすごい大衆的な広がりがあって、どういうわけだかジャーナリストのペンにおさまりきらない。フランスのなにか、ほかの季節にはまどろんでいるなにかを呼び覚ます。

このツール・ド・フランスを語るために、本書は一〇〇のストーリーを並べてみる。歴史に刻まれたエピソード、ときには塗りかえられた伝説や、汗と埃、血潮と骨折、涙と笑い、うらみつらみが織りなすドラマの数々。孤独とチームプレイが交錯する壮大な叙事詩から浮かびあがるのは、もうひとつのフランスのストーリーだ。七月が来るたびに、人びとの記憶からできたストーリーに、新たな物語が加わっていく。その記憶を共有する人びとは、世界規模に広がりつつある。ツール・ド・フランスは、もう国民的な遺産というだけでなく、全世界のものになっているのだから。

大所帯の大移動

ツール・ド・フランスと聞いて思い浮かぶのは、プロトンを形づくる一九八人の汗まみれの選手たちだ。でも、それは表の顔で、ツールにはたいへんな規模の裏方がいる。ツール・ド・フランスは、スイスの時計の名工も真っ青な精度で動くマシーンなのだ。円滑な進行のために、ジャージの集団のかげでひたむきに、何千人もの名もない人びとが働いている。昼夜を問わず献身的にツールを支える四五〇〇人の裏方を見ていこう。一〇〇人ほどの常勤と三〇〇人の臨時職員からなる主催者。それに選手のスタッフが三〇〇人ぐらい。大人数なのがメディア関係者で、二〇一二年には二三〇〇人が記者証の発行を受けた。広告キャラバン隊が総勢六〇〇人。さらに五〇人ほどの憲兵隊や、一〇人ほどの医師団もいる。

「移動都市」とでもいうべき一団が、およそ三五〇〇キロの行程にしたがって、ステージ地の町から町へと渡り歩く。車列は二〇〇〇台を下らない。

スタート地のヴィラージュ〔関係者用の区画。もともとは「村」の意味。英語でいえばヴィレッジ〕は、地形や高度、道筋にかかわらず、夜のうちに数十人で組みたてる。何百キロか離れたゴール地でも、同じ夜に別働隊が作業する。コースでは、また別の一隊が金属製のフェンスを立て、ボール紙の標識を貼っていく。スタートが切られる。ヴィラージュはすぐさま解体される。さあ、ツールの始まりだ。

ツールの規模はそこかしこで感じとれる。たとえば「写真・コピー車」と大書された巨大なトラックだ。複数のコピー機が積みこまれ、何千枚ものカラーコピーを吐きだしている。おかげで報道陣はいちはやく、もれなくゴールの結果を知ることができる。

一九〇三年――ツールの誕生

ドレフュス事件がなかったら、ツール・ド・フランスは生まれなかった、かもしれない。

軍の将校アルフレード・ドレフュスは、敵国ドイツと通じたとして一八九四年に有罪判決となり、一八九九年に特赦を受けた。彼が有罪か無実かをめぐって、フランスは真っ二つに割れ、死闘を繰りひろげた。世界最大の自転車レースは、その火種のくすぶるなかで生まれた。この大きなストーリーに加え、ツールの始まりにはもうひとつ、ずっと小さなストーリーがかかわっている。登場するのは異常に元気のない一匹の犬だ。

一八九〇年のある日のこと、高名なジャーナリストで、長年『フィガロ』紙の看板記者をつとめたあと、『プティ・ジュルナル』紙で健筆をふるっていたピエール・ジファールは、飼い犬の元気のなさがふと心配になった。このグレートデーンを獣医に連れていくと、馬に乗って横を走らせなさいとアドバイスされた。ジファールは馬が大嫌いだった。すると近所の人が、馬のかわりに自転車はどうかと言ってきた。それで自転車に目覚めて一八九二年、三十九歳のとき、フランス初の日刊スポーツ紙『ル・ヴェロ』を立ちあげる。

新聞を統率する立場になってもジャーナリスト魂は健在で、あらゆる不正義をあざけった。ドレフュス大尉が受けた仕打ちに憤然とし、そのかたきとばかりに熱烈な論陣を『ル・ヴェロ』で張った。同紙の主要な広告主で、名だたる反ドレフュス派の大実業家たちにとっては、おもしろくない姿勢だった。そのひとりに自動車メーカー、ド＝ディオン＝ブトンを創業したジュール＝アルベール・ド＝ディオン伯爵がいた。暴動と化した反ドレフュス派のデモのあとで、しばらく投獄された経歴の持ち主だ。何人かの実業家仲間も、商品広告は必要だが、ジファールの新聞なんて論外だと考えていた。そこで伯爵は一九〇〇年、新しいスポーツ紙『ロト』の創刊をバックアップすることにした。編集長にうってつけの人物がすぐさま見つかった。アンリ・デグランジュ、自転車競技のアワーレコード〔一時間で走った距離の世界記録。「アンリ・デグランジュ」の項を参照〕を樹立したことのある有名ジャーナリストだ。パリのパルク・デ・プランス[1]の運営責任者もつとめていて、ジファール批判の急先鋒だった。この『ロト』紙は、緑色のライバル紙との差別化のため、黄色の紙を用いることになる。

（1）パリのほぼ西端にあるスタジアム。現在はサッカー用で、パリ・サンジェルマンの本拠地となっているが、当初は自転車レース用に整備されていた〔訳注〕。

両紙はさっそく白熱の対決を繰りひろげた。ニュースの質を競うだけではない。どちらが最高のスポーツ競技を主催して、自紙に記事を満載し、ブームをつくりだすかで争った。ほとんど冗談のようなことも起きている。一九〇二年、『ル・ヴェロ』と『ロト』がそれぞれ、ボルドー〜パリの自転車レースを数週間差で開催したのだ。

転機は一九〇二年十一月二十日に訪れる。なにか新しいイベントを考えろと、デグランジュがまたもや編集部をせっついた。以前ジファールのところにいて、『ロト』で自転車を担当しているジェオ・

ルフェーヴル青年が、思いつき半分でつぶやいた。「フランス一周〔仏語の音は「ツール・ド・ラ・フランス」となる〕ってのは、どうでしょうね。いくつかステージがあって、休息日もつくって。」ボスの側は、そんな前代未聞の長距離レースは過酷すぎると考えて、即座にこう返した。「おい、きみは選手たちを殺す気か。」

と言いつつ、もうちょっと話を聞いてみようと、その場で部下をランチに誘った。しみったれで有名なボスにしては珍しいことだった。ルフェーヴルはあわただしく考えをまとめた。頭のなかでルートを描き、ステージの舞台になりそうな町をリストアップして、パリの目ぬき通りにあるブラスリー、ジメール〔現在もある。場所はシテ島のすぐ北側、シャトレ劇場に併設〕でボスにプレゼンをした。食事が終わるころにはデグランジュもその気になっていた。

それから数週間後の一九〇三年一月十九日、「世界最大の自転車レース、ツール・ド・フランス」の創設が、『ロト』紙上に鳴り物入りで告知された。ジファールの新聞にとっては致命的な一撃だった。『ル・ヴェロ』は一九〇四年の終わりに廃刊となる。

一九〇三年――あわや中止に

自転車競技界に革命を起こすという発想はともあれ、選手が集まらなければ話にならない。ツール・ド・フランス第一回大会は、出走者不足であわや中止になるところだった。当初の予定は、六月から七月初旬にかけての五週間のレースだった。ところが五〇人を見こんでいたエントリーは、初日まであと三週間という時点で一五人程度にとどまっていた。デグランジュは『ロト』紙上で落胆を隠さなかった。「選手の関心が薄い状況を見て、われわれはここ数日、ツール・ド・フランスの中止を真剣に検討した。」

上位の選手には総額二万フラン（現在の約七万ユーロに相当）の賞金が用意されたとはいえ、出走を検討中の選手たちには山ほど不満があった。第一に、期間が長すぎる。ほかに仕事をもつスポーツ選手が五週間も留守にするのは無理だ。それに、なんの日当もない。宿や食事は全額自己負担になる。かてて加えて、コースが過酷なうえ、コーチなしにひとりで走らないといけない。ほかのレースなら、併走するコーチが選手をサポートしてくれるのに。

デグランジュは方式の見直しを迫られた。初日を後倒しして、七月の三週間に圧縮した（のちのちの伝統はかくして生まれた）。けちで有名な彼だったが、「足代」として一日五フラン（約一七ユーロ）の日当支給に同意した。エントリー料も半額にした。今度はうまくいった。出走の申し込みが『ロト』本社に続々と届きはじめた。

一九〇三年七月一日、十五時十六分、六〇人の選手がエソンヌ県モンジュロンの宿屋レヴェーユ・マタン［「目覚まし時計」の意味。現在はホテルとなっている］の前で、六つのステージからなる第一回ツール・ド・フランス第一ステージのスタートを切った。第二ステージの始まるリヨンをめざして、夜どおしペダルを漕ぎつづけた。全長二四二八キロのルートはフランスの鉄道路線図とぴったり重なりあっていて、主催者は自動車ではなく、電車と自転車を乗り継いで移動した。三週間後、完走を果たした選手は二一人、総合優勝は九十四時間のモーリス・ガラン、しんがりは百五十九時間のアルセーヌ・ミヨショーだった。フィナーレはオー・ド・セーヌ県ヴィル・ダヴレ、その名もペール・ヴェロ〔自転車おじさん〕という宿屋の前だ。

アンリ・デグランジュ（一八六五〜一九四〇年）

パリの中産階級の教育を受け、きっちり整えられた立派な口ひげを生やし、法学士の学位をもつアンリ・デグランジュは、閑静な環境で勉強を続け、実業家の父親が決めたとおり公証人になるはずだった。ところが突如、身を焦がすような情熱にとらわれて、人生を狂わせることになる。一八九一年、二十六歳のとき、第一回ボルドー〜パリと第一回パリ〜ブレスト〜パリを観戦し、自転車レースに心を奪われてしまったのだ。それからはもう、暇さえあれば自転車にまたがり、じきに公証人見習いの仕事もやめて、目覚めた情熱に身をささげた。当時は九つも自転車競技場があったパリで、デグランジュはトラックレースの選手となる。一八九三年には、一時間で走った距離の記録、アワーレコードを世界で最初に打ちたてた（三五・三二キロ）。と同時にジャーナリストとして、『ビシクレット〔二輪車〕』のような専門誌に寄稿した。さらに実業家として、自転車競技場パルク・デ・プランスの運営その他にたずさわった。一九〇〇年にディオン伯爵から、新たな日刊スポーツ紙『ロト』の経営をまかされ、その三年後に第一回ツール・ド・フランスを主催することになるのも、まったく当然のなりゆきだった。

自転車には多大な効用があるとデグランジュは確信していた。近代オリンピックの父となった同世代のピエール・ド＝クーベルタンのように、肉体の鍛錬は芸術や文学とまったく同じく人間の精神向上に寄与すると考えていた。一八九五年の著書『頭と脚』でも、肉体の鍛錬がいかに価値あり、いかに素晴らしいかを大げさな文体で説いている。彼は一生にわたり苦行僧のごとく、自分に厳しいトレーニングを課した。五十歳の時点でも、肉体鍛錬の満足感を得るためだけに、一五〇キロを二十八時間足らずで歩ききっている。

熱烈な愛国者デグランジュに言わせれば、スポーツはまちがいなく、一八七〇年の〔普仏戦争でのプロイセンに対する〕敗北に打ちひしがれた国民の覚醒を助けるものだった。これもクーベルタンと共通している。デグランジュは一九〇〇年十月十六日の『ロト』創刊号で、運動すれば「男らしさが増し、困難を克服して勝利をめざす習慣が身につく」と説き、「わが種族はまもなく根底から変わることになるだろう」と論じた。ツール・ド・フランスもじきに、こうした愛国的使命をになうようになる。一九〇六年には、戦争でドイツに併合されたアルザス・ロレーヌに少しだけ、七五キロほど食いこんだルートが設定された。デグランジュは第一次世界大戦前夜の一九一四年には、新聞読者「諸君」に対して、ドイツとの「大試合」に参加しよう、「フランス総がかりで当たろう」ではないかと呼びかけた。

デグランジュは、スポーツと自転車をフランスの津々浦々にまで普及させようとした。とはいえ、頑として自分の労作を手放そうとはしなかった。ツール・ド・フランスとは自分である。断じてほかのだれでもない。選手でもなければ、その代理人でもなく、チームを後援する自転車メーカーでもない。デグランジュは尊大で、有無を言わさず、ときには見下した態度をとった。細かい点までレースを取りしきり、争いに裁定を下し、緊張感を高めるためならルールの変更にも踏みきった。一九〇三年のように、レースの最中にルールを変更したことさえある。他界する二年前の一九三八年に、フランスの若手選手ヴィクトール・コソンにこんなふうに語っていた。「これから言うことをよく覚えておきたまえ。私はカスをチャンピオンにすることもできるし、チャンピオンをカスにすることもできるのだよ。」

一九〇四年——荒れまくった二回目

ツールを率いるアンリ・デグランジュは、「自転車競技という高潔な十字軍」の推進者たらんとしたはずだった。なのに一九〇四年の大会は、ありとあらゆる不祥事、ごまかし、悪質行為のオンパレードとなり、沿道各地では地元のサポーターが狼藉を働いた。たとえばサン・テティエンヌの近くで〔第二ステージ、リヨン〜マルセーユ〕、レピュブリク峠の登りの終盤にさしかかった選手たちが、薄暗い夜明けがたに闇討ちにあっている。当時はステージの一部が夜間に行なわれ、明かりは月光と粗末なランプだけだった。棍棒を手に、坂の途中にかたまっていた一団が、選手たちの行く手を急にふさいだ。地元の有力選手アルフレード・フォールだけを通し、ほかの選手は袋だたきにして足止めした。デグランジュも含めた主催者の一行が到着し、ピストルをぶっ放すと、襲撃者の一団はようやく退散した。地元ガール県の選手フェニームでも同じようなことが起きた〔第三ステージ、マルセーユ〜トゥルーズ〕。

ルディナン・パイヤンの失格に抗議する観衆が、路上に鋲《びょう》や割れた瓶《びん》をばらまいて、選手たちになぐりかかった。主催者側はまたもや発砲するしかなかった。

あさましい根性に走った選手たちもいた。不正行為が相次いだ。フィナーレが近づくにつれ、イカサマの噂が広がっていく。あの選手は近道をとった、この選手は電車や車で移動した、あの選手は関係者を風よけに使った、この選手はゼッケンを裏返しにしてチェックをごまかした、といった具合だ。レースは個人単位で競う決まりなのに、選手間の共謀があったという噂も出た。

愕然としたデグランジュは落胆を隠さず、フィナーレの翌日の『ロト』にこう書いた。「ツール・ド・フランスが閉幕した。この第二回大会が、最後の大会となってしまうかもしれない。ツールの成功、ツールがかきたてた激情、われわれに無知や悪意から向けられた罵声やいやらしい嫌疑、それがツールの息の根を止めてしまうのだ。」

とはいえ、それが結論だというわけではない。とんでもない手口は闇夜に乗じる。だから夜間のレースをやめることに決めた。そして閉幕から四か月ちょっと経ったころ、総合上位四人を不正により失格処分にさせた。五位から繰りあがったのは弱冠二十歳のアンリ・コルネ、現在でもツール史上最年少の総合優勝だ。

一九〇五年――すってんてんの王者

「昼まで眠りたい。」一九〇五年のツールを制したルイ・トルスリエが、ゴールを切って口にした望みはそれだけだった。息があがり、脚はヒリヒリ、二九九四キロを走りきって、まずは休みたい。バロン・ダルザス峠のきつい登り、あちこちに鋲がまかれた路面、過熱したレースの疲れを癒やしたい。一一のステージのうち五つをものにした。うちひとつでは、サドルの摩擦でレーサーパンツがすり切れ、お尻まるだしでゴールした。そんなレースで使い果たした力を回復したい。「てのひらに落ちてきた一財産」はうれしいが、とにもかくにも眠りたい。

そうはいっても、多数のファンから「トル・トル〔リボンを通すための下着の飾り穴の意味がある〕」と呼ばれるトルスリエは、まだ二十四歳のお祭り男だった。いつも人を笑わせ、えげつない冗談を言い、なんったって遊び心を忘れないのが身上だ。レースの最中、わざとライバルに引き離させることもある。奮いたって、必死に追撃するのが楽しいからだ。というわけで凱旋の夜も、予定どおりに寝床に行くかわりに、遊び仲間とパリのビュファロー自転車競技場に陣どって、ちょっとばかりサイコロ賭博に興じた。夜が明け、昼になるころには、彼の「一財産」は煙のように消えていた。総合優勝の賞金と、所属チームのプジョーからの報奨金、しめて二万五〇〇〇フラン（約八万五〇〇〇ユーロ）だった。

おちゃらけトル・トルはそんなことでメゲはしない。自転車のハンドルの形をした口ひげがヨレたりはしない。もうひとつのニックネーム「花屋《フルリスト》」の由来、両親のやっている生花店のおかげで、金欠の心配はしないでいい。それに、ただちにサン・クルー第一〇一連隊に戻らなければならない。彼は兵役中で、ツール・ド・フランスのための特別外出許可が、今夜で切れてしまうのだ。

リュシアン・プティ＝ブルトン（一八八二〜一九一七年）

なんになるかが、ちょっとしたはずみで決まることもある。ツール・ド・フランスで初の二勝を（一九〇七年と〇八年で）達成したリュシアン・プティ＝ブルトンの場合は、父親が一八八〇年に選挙で負けたことだった。時計と宝石を商っていた父親は、ロワール・アトランティク県の地方選でメンツをつぶし、商売も傾いてしまい、妻子ともどもアルゼンチンに移住した。フランスから一万キロ離れた土地で、リュシアン少年は自転車に開眼し、レースに出るようになる。が、父親はおもしろくない顔をするに決まっている。子供たちを厳格に育て、自転車競技なんてヤクザな仕事だと思っていたからだ。

だからリュシアンは十四の時分から、隠れてトレーニングしていた。ボーイとして働くブエノスアイレスの大きなホテルに出勤する前、朝の四時から七時までがトレーニングの時間だった。父親のカミナリを食らわないよう、レースには嘘の名前で出走した。本名のリュシアン・マザンではなく、ブルターニュにちなんでリュシアン・ブルトンと名乗った。用心したのは正解だった。またたく間に頭角を現わして、アルゼンチンでは聞こえた名前になったからだ。一八九九年には十七歳で、ロードレースの全国チャンピオンに輝いている。この広大な国も、じきに彼の才能にとっては手狭になってしまった。

フランスに戻ったのは二十歳のときだ。ただしそこには、ブルトンという名の別の選手がいた。適当な名前で通すのに慣れっこのリュシアン・マザン、別名リュシアン・ブルトンは、今度はリュシアン・プティ＝ブルトンと名乗ることにした。ほどなくライバルからは「アルゼンチン人」と呼ばれるようになる。世界のはてからやってきた選手はなんとも風変わりだった。坊ちゃんふうに髪を横分けにして、体型は貧弱で、見かけは内気な少年めいていた。そのくせアタックをかける段になると、ペダルに仁王立ちして、すさまじい唸り声を上げるのだ。

それは苦悩する人間の二つの顔だったのだろう。優勝は二回とも偶然のおかげじゃないかとの中傷に、彼は激しく動揺していた（一九〇七年には、総合首位のエミール・ジョルジェが、違反行為だった乗り換えをして順位を下げられており、一九〇八年には、ライバルたちが予想外のトラブルに見舞われている）。そのもろさは、名前がころころ替わり、根なし草になっていたせいかもしれない。一九〇七年のツールには、リュシアン・プティ＝ブルトンのほかにアンセルム・マザンという選手も出走していた。本名を伏せる必要のなかった弟だ。

「アルゼンチン人」は一九一七年、アルデンヌ地方の前線で「フランスのために」散った。

一九一〇年――ピレネーの登坂

「気でも違ったのか。自転車選手たちに存在しない道を走れというのか。」地元の人びとが「死の輪」と呼ぶ地域を抜けるコースを提案してきた部下のアルフォンス・ステネスに、デグランジュはあきれ顔で言った。標高一五六九メートルのペールスルド峠、一四八九メートルのアスパン峠、二一一五メートルのトゥルマレ峠、一七〇九メートルのオビスク峠を一日でこなそうというのだから。細く険しく、陥没もあり、石ころだらけのルートだ。人の往来はほとんどなく、一年の大半は冠雪している。

山岳をツールの見どころにするという発想は目新しいものではない。一九〇五年にはもうコースに組みいれられている。でも、ヴォージュ山脈のバロン・ダルザス峠はたかだか一一七一メートルで、太鼓橋みたいなものでしかない。この峠は前回一九〇九年、ラグビーのバックローのような体格のルクセンブルク人、フランソワ・ファベールの総合優勝の決め手になった。だから一九一〇年の大会には、前人未踏の過酷な坂が加えられることになる。ピレネーだ。

一九一〇年七月二十一日、午前三時半、ツールの選手たちはバイヨンヌをめざして、リュションをスタートした。全長三二六キロ、どこまでも続く苦難の道行きは、身長一六五センチと小柄でフェザー級、二十二歳のオクターヴ・ラピーズの独壇場となる。選手仲間から「巻き毛《フリゼ》」の愛称で呼ばれる彼は、すぐにリードをとった。事前に地図を読みこんで、コースをしっかり把握していた。最初の峠をどうにかクリアし、二つ目も過ぎた。お次は過酷なトゥルマレ峠だ。自転車を押しながら駆けのぼった地点もある。オビスク峠では、見張りに立つアシスタント・ディレクターに、苦痛の叫びを浴びせかけた。「あんたたちは犯罪者だ。聞こえるかい。デグランジュに言っといてくれ、こんなことを人にさせるもんじゃないってね。」それでもラピーズは、十四時間十分のタイムでステージ優勝をとげ、十日後には総合優勝も勝ちとった。このピレネーのステージで最後尾の一団がゴールしたのは、七時間半後の真夜中だった。ほぼ一日ぶっとおしで漕ぎつづけた計算だ〔第一〇ステージ〕。こうして山岳が、ツールの必須アイテムとして確立された。翌一九一一年には、ふたたびピレネー越えが組みこまれ、その前に初めてのアルプス越え、というルートが設定されることになる。

トゥルマレ峠

尋常ではなく、しかも美しい。フランスとスペインのあいだにそびえる山々は、こんなふうに描写できる。この近縁の二つの国のあいだに立つのがトゥルマレ峠、緑なす山腹に連なる標高二一一五メートルの難所だ。

一九一〇年に初めて用いられて以来、ガリビエ峠ともどもツールの歴史と深く結びついている。登場回数が最多の峠で、七八回におよぶ。威容を誇り、さりげなく厳しく、なにげなく険しく、選手たちの血と汗のしみこんだヘアピンカーブが続く峠は、ツール・ド・フランスに欠かせなくなっている。

一度も足をつかずに登りきった選手の第一号はギュスターヴ・ガリグーで、この快挙により一〇〇フランの賞金を受け取った。その三年後の一九一三年には、ウジェーヌ・クリストフの自転車のフォークが、不運なことに下りで折れた。彼はこわれた愛車をかついで一四キロを徒歩で下り、ようやく鍛冶場を見つけだした。

一九六九年のエディ・メルクスの快走は忘れられない。トゥルマレ峠からムランクス・ヴィル・ヌヴェルまで、一四〇キロを単独で逃げ〔「自転車ミニ用語集」の項を参照〕きったのだ。人食い《カニバル》メルクスは怒り狂っていた。峠を先頭で越えようと、手前でスパートをかけた。チームメイトのマルティン・

ヴァン＝デン＝ボッシュを懲らしめるためだ。その日の朝に、彼の移籍話を聞きつけたからだ。

一九七〇年七月十四日には、トゥルマレ峠の険しい山道で二十二歳の新星が抬頭し、ラ・モンジで第一八ステージの優勝を勝ちとった。のちに二度の総合優勝を果たすベルナール・テヴネだ。しかし八年後には、この同じヘアピンカーブに見放され、リタイアに追いこまれている。

この峠は何度も勝敗を分けてきた。一九九一年には、ツール三勝のグレッグ・レモンがここで力尽き、スペイン人ミゲル・インドゥラインに敗れ去った。一九九七年には、峠の怒りをなだめようとするかのように、音楽家のフランソワ＝ルネ・デュシャーブルが、選手のような格好をして、ここに据えたピアノでバッハやリストの作品を奏でた。

二〇一〇年にはルート入り百周年を記念して、トゥルマレ峠越えのステージが二つ、一九七四年と同じように連続で設けられた。うち七月二十二日のステージでは、ゴールが峠に設定された。

このピレネーの高みで、ツールの二人の大立者のひとりが永遠にレースを見守っている。トゥルマレ峠に立つジャック・ゴデの像だ。アンリ・デグランジュの記念碑のほうはガリビエ峠にある。

一九一一年——謎の毒物事件

彼は快調だった。ステージ二つを続けて制したところだ。この人気上昇中の周遊レースで、うまくいけば一九一一年の総合優勝を飾れるかもしれない。二度あることは三度あるとも言うじゃないか。次の第一〇ステージ、リュション～バイヨンヌの三二六キロは自分のものだ。ポール・デュボック、ルーアン出身の二十七歳。ペールスルド峠にさしかかったときは独走状態で、トゥルマレ峠も悠然と通過した。ライバルのモーリス・ブロッコとギュスターヴ・ガリグーにはすでに十分ほど差をつけている。総合首位のガリグーはへたばっていた。

オビスク峠に来たところでポールは急に蛇行を始め、ほとんど生気を失った状態で岩のあいだに崩れ落ちた。からだを折って、どす黒い混合物を吐きだし、下痢の痛みにあえぎ、顔は死人のように蒼白だった。補給ボトルに毒を盛られたのだろうか。最終的に総合優勝を果たしたガリグーを擁するアルシヨンの監督、ジョゼフ・カレが疑われた。手段をいとわず、自分のチームの選手を勝たせようとしたのではないか。フランソワ・ラフルカードの名もあがった。以前にアルシヨンにいた選手で、強壮ドリンクの調合にたけている。いや、語りぐさになったデュボックの消化不良は、だれかに渡されたシャンパンが変にまわったせいだという説もある。いずれにせよ、「りんご《ポム》」ことデュボックの苦しみは続いていた。周知のように、助けの手をさしのべれば、彼は失格になってしまう。それでも審判《コミセール》の注意がそれた一瞬を突いて、フランセーズ・ディアマンのチームメイトが「毒消し」を投げてやったらしい。激痛が始まって一時間あまりで、タイヤとアスファルトと格闘しながら、デュボックは果敢に立ちあがった。このステージでは先頭に三時間以上もおくれをとり、二一位に終わっているが、総合成績では二位に輝いている。

この事件で、公式に裁判にかけられて有罪になった者はいない。真相は今なおヤブのなかだ。

ガリビエ峠

威圧的にそそり立つ峰のあいだをぬって、蛇管のような道が細々と続いていく。でんとした高い山がそこまで迫り、万年雪がなだれ落ちてきそうな、心もとない通路だ。一年の大半をおおっている白い外套が、春も終わるころに裂けはじめ、マーモットとワシの王国に変わる。人間の王国にはなりようがない。あまりに標高が高く、野性的で、住みにくい。

標高二六四五メートル地点にあるガリビエ峠は、二つの世界を分かつ門だ。北アルプスと南アルプス、サヴォワ県とオート・ザルプ県。ツールが本格的にアルプスに目覚めたのは一九一一年のことだ。コースの設定は難度の高い北側からだ。

登り坂の始まる手前、標高七一二メートルのサン・ミシェル・ド・モリエンヌに、「ガリビエ峠、三四キロ」の標識が立つ。登りはじめてもいないうちから、ここで引き返せと言わんばかりだ。坂の勾配はところにより一四パーセントに達する。だが、フランス人のエミール・ジョルジェは、この一九一一年の大会で、一度も足をつかずに登りきってみせた。ジョルジェは山頂で主催者をにらみつけて、見得を切った。「ぶったまげただろう、おい!」

ガリビエ峠は翌年も、その次も、そのまた次もルートに入り、やがてアルプス越えの定番となった。一九一一年以降、これまでに五八回も組みこまれている。二七七〇メートルのイズランや、二七一五メートルのボネットのように、もっと高い峠もあるが、ガリビエの威容にはかなわない。一九三七年のジーノ・バルタリ、一九五二年のファウスト・コッピ、一九五五年のシャルリ・ガウル、一九九八年のマルコ・パンターニなど、最高のクライマーたちがここで名シーンを演じている。最初のガリビエ峠越えの翌日に、ツール・ディレクターのデグランジュが残した名言がある。ガリビエに比べれば、ほかの峠は「さえない大味な『安酒』だ。この偉丈夫の前では、脱帽して、腰を低くするしかない」。

一九一三年――トラブル続きのフォーク

アスファルトとそりが合わないのか、路上のツキが悪いのか、自転車の神に呪われているのか。ニックネームは「クリクリ〔コオロギの意味がある〕」、またの名は「古強者のガリア人」だが、「苦役囚」でもよかったかもしれない。毎回しつこく悪い目にあう因果なやつだ。優勝のチャンスは何度もあったのに、不運にも逃してしまう。むらっ気たっぷりのフォークのせいだ。

一九一三年の第六ステージ、バイヨンヌ～リュション、三二六キロ。二十八歳のウジェーヌ・クリストフは、総合上位につけていた。このフランス人は前回のツールで総合二位、ステージ優勝三回という成績をあげたのだから、なにもおかしなことはない。トゥルマレ峠の下りにさしかかって数キロのあいだは、実質的《バーチャル》に総合首位でさえあった。なのに、そこで落車する。自動車がぶつかったという話もあるが、諸説あってわからない。フォークが折れたのはとにかく確かだ。

リタイアするなんて論外だった。もともと錠前屋だったクリストフは、こわれた自転車をかつぎ、徒歩で一四キロ行って、サント・マリ・ド・カンパンで鍛冶場を見つけだした。そこで修理を始めた「クリクリ」の前には、肝をつぶした鍛冶屋の親子に加え、ツール・ディレクターの無慈悲な視線があった。手伝ってもらうのは絶対に禁止だ。それは厳格なルールだった。ツールに「助力」という言葉はない。刻々と時が経つなか、彼はたったひとりで、入れかわり立ちかわりする審判の厳しい監視下におかれた。軽食をとろうとした審判に向かって、クリストフは言い放つ。「腹がへったら石炭でも食ってくれ。おれはあんたたちの囚人なんだから、あんたたちには徹頭徹尾おれの看守でいてもらう。」

四時間後、自転車は使えるようになった。でもペナルティを食らった。不遇の彼に同情した鍛冶屋の息子が、プレス機につながったふいごに手を出したからだ。一九一三年は総合七位に終わった。

それから六年後、大戦後初めてのツールで、三十四歳のクリクリは当然のように首位に立っていた。楽勝のはずだった。全長五五六〇キロのうち残るところ八〇八キロ、あと二つのステージをこなせば、パルク・デ・プランスで優勝が待っている。だが、フォークがウジェーヌの鬼門となる。

最後から二つ目の第一四ステージ、メス〜ダンケルク、四六八キロ。「古強者のガリア人」はレース四日目から総合首位をキープしていた。フォークがいかれたのは、ノール県ヴァランシエンヌを抜け、石畳《バヴェ》を走っていたときだ。歴史は繰りかえす。呪われた自転車を修理する場所を探さないといけない。歩いていくと、町の外に小さな自転車工場があった。自転車を生き返らせるのに一時間以上かかり、それまでのタイム差はハンマーと金床のあいだに溶けていった。結果は総合三位だ。この一九一九年の第一一ステージで初めてマイヨ・ジョーヌが登場し、その第一号となったというのに。

一九二二年は、一〇回目の参加で、クリストフにとって最後から二度目のツールとなった。が、二度あることは三度ある。今回はガリビエ峠の下りで、フォークがおしゃかになった。ルールが変更され、乗り換えてもいいことになっていたので、一時間歩いて、そこの村にひとつだけあった自転車を借りた。神父さんのものだ。「女向けの自転車」だとのちに語っている。成績は総合八位に終わる。クリクリは言う。「一九一三年と一九一九年のツールのことでは、すじからいえば本当の勝者だと何度も言われた。そんなことはなんにもなりゃしない。あの二回はきっと勝てると思ってた。けど、いつも不運にやられちまったのさ。」

フィリップ・テイス（一八八九〜一九七一年）

一九一二年。二十二歳の巨人は、ツール初出場で総合六位という見事な成績をあげた。でも、このベルギーの若造はおさまらなかった。フィリップ・テイスは地元に帰って豪語した。「来年は勝ってみせるぜ。」

そのとおりだった。一九一三年、つづけて一九一四年。それから一九二〇年もだ。アンデルレヒトに生まれ、名高いルヴァロワ自転車クラブ（VCL）で養成されたテイスは、ツール三勝を達成した初めての選手となる。茶色の髪に少年のような体格ながら、パワフルで持久力があり、ステージレースでは圧倒的で、当代最強と見なされていた。とはいえ、果敢に追いぬきをかけてくるライバルもいた。一九二三年の総合優勝者となるアンリ・ペリシエ、一九〇九年の勝者フランソワ・ファベール、一九一一年の勝者ギュスターヴ・ガリグーなどだ。

最後の優勝を飾った一九二〇年は、全ステージで上位五位に入り、総合二位の選手との差を五十七分あまりに広げたが、最初の二回の勝利は波乱の末につかみ取った。

一九一三年は、ベルギー人同士の「骨肉の争い」だった。相手のマルセル・ブイスは、一五のステージのうち六つを制しながらも、不運に泣かされた。第九ステージでハンドルがこわれ、三時間以上もロスしたうえに、修理に人の手を借りたために一時間のペナルティを食らったのだ。総合首位を奪ったティスも、同じく不運に見舞われた。最後から二つ目、ロンウィ〜ダンケルク、三九三キロのステージで、車にぶつかって気絶したのだ。起きあがったときにはフォークが折れていた。何人かのメカニシャンの加勢で修繕し、ふたたび走りだす。十分のペナルティを科されたが、強敵が相次いでリタイアしたおかげもあって、総合優勝を勝ちとった。

一九一四年も同じパターンだ。最後から二つ目の、やはりロンウィ〜ダンケルクのステージで、落車してフォークが折れた。自転車屋を見つけ、今回もメカニシャンに、すすんで助けを求める。自力でやったら手間どるばかり、埃のなかで勝利はすりぬけていくだろう。最初から最後まで総合首位ながらも、二位と一分を争うような接戦だったのだから。

抜け目なく、ブレがなく、意志の強いティスは、大戦でツールが中断されていなければ、さらに華々しい活躍をしていたかもしれない。ツールに一〇回参加して、一九二七年に引退している。

真偽のさだかでない小話がひとつある。一九五〇年代にティスが語ったところによると、一九一三年のある晩に、黄金色のジャージの着用をアンリ・デグランジュから要請された。総合首位のティスを目立たせるためだ。頼むよ、いやです、頼むよ、いやです。そこでプジョーの監督アルフォンス・ボジェが、チームのいい宣伝になると発言した。その気になったティスは、さっそく店に行き、ピタピタの黄色いジャージを買ってきた。あの輝かしい衣装は、正式には六年後に誕生する。でも、じつはティスが初代の着用者だった可能性もある。この一件は、当時の報道にはなにひとつ記されていない。

マイヨ・ジョーヌ

それは黄金の富の色、太陽がはぐくむ生命の色、浮気された夫が味わわされる裏切りの色だ。そしてツール・ド・フランスのリーダージャージに採用されたことで、栄光と勝利の象徴ともなった。この色が選ばれたのは、ひとえに商売上の理由だった。マイヨ・ジョーヌの黄色は要するに、ツールを創設した『ロト』紙の色だ。『ロト』が黄色の紙に印刷されたのは、ライバル紙『ル・ヴェロ』が緑色だったからだ。黄色の着色料が安価だったこともある。

ツールの看板となったマイヨ・ジョーヌの誕生は、一九〇三年の初回ではない。一九一九年のステージ地、グルノーブルでのことだ。ほとんどがスポルティーヴ〔第一次大戦後の物資不足のなかで、複数の自転車メーカーが結成した事業団の名〕の灰色ジャージを着ていた選手集団のなかで、総合首位に立っていたフランス人、ウジェーヌ・クリストフを目立たせるためだ。でも、最初はまるで注目されなかった。『ロト』紙上でさえ、小さく数行ほど取りあげたにすぎない。マイヨ・ジョーヌが輝かしい衣装として、また宣伝ツールとして、そして目印として定着するには何年もかかった。観衆は、集団中の黄色いジャージをひたすら追う。それがだれか知っていても知らなくてもだ。

というのも、一度でもマイヨ・ジョーヌを着たことのある二五六人は、名選手にかぎらないからだ。偶然あるいは一生に一度の快挙によって、栄誉を手にした無名選手もいる。たとえば一九七一年、三つのステージを一日で消化した日のこと、オランダ人のリニ〔マリヌス〕・ワフトマンスの着用はわずか三時間、九〇キロだけだった。エディ・メルクスの九十六日間〔ハーフステージを一日と数えれば百十一日間〕とは雲泥の差だ。それでも、どうしてもマイヨ・ジョーヌに手が届かなかったレーモン・プリドールに比べればましだ。この永遠の二番手が黄色のジャージを着たのはただ一度、パリのデパートの広告撮影をしたときだ。「サマリテーヌにはなんでもそろっております」という有名なコピーに花をそえるために。

一九一九年――戦火ののちに

地面はまだくすぶっていた。硝煙のにおいが道の舗装、正確にはその残骸のなかにこもっているかのようだった。戦争が終わるとすぐ、ツールは自分の王国、つまりフランスのロードに立ち戻ろうとした。あの素晴らしい周遊レースが見られなくなって五年になる。一九〇七年と〇八年の王者リュシアン・プティ＝ブルトン、〇九年のフランソワ・ファベール、一〇年のオクターヴ・ラピーズ、そして数しれない無名の選手たちは、二度と前線から帰ってこない。

休戦協定から八か月後、六七人の選手がプロトンを形づくった。五五六〇キロを走りきってゴールしたのは一一人だけ、当時の報道の表現を借りれば「一一人の英雄」、「一一人のロードの巨人」だ。この年のルートは、ぼろぼろになったフランスの外周を誇らしげになぞってみせた。

そこには確かに惨禍があった。ぼろぼろのフランスに、ぼろぼろのロード。機材は不足し、凍てつく雨が降り注ぐ。パリ〜ル・アーヴル、三八八キロの第一ステージから、度重なるパンクなどが原因で、二六人の勇者がリタイアに追いこまれた。

ツールの策略に嫌気《いやけ》がさしたとタンカを切った選手もいた。兄のアンリが最初の三つのステージで総合首位に立ったペリシエ兄弟だ。第五ステージを前にしてボイコットした。レースは個人単位とされていたのに、自分たちに対してスポルティーヴ系列の選手勢が、共同戦線を張ろうとしたことに反発したからだ。あのウジェーヌ・クリストフの不運については、先ほど述べたとおりだ。

総合優勝は三十三歳のベルギー人、フィルマン・ランボが勝ちとった。あせらずに機会を待ち、ライバルの不運にうまく乗じた。二位に甘んじたジャン・アラヴォワーヌに言わせると、「死体を拾いながら〔自転車レース関連の俗語で、力の出なくなった先行の選手に追いつくこと〕」走っていたようなものだった。

ツールはこの年、息の根の止まる寸前だった。でも、止まりはしなかった。

一九二四年——歴史に残る有名記者

大戦の戦場に浴びせられた機銃掃射を描写した。一九一七年のボリシェヴィキ革命後、ロシア民衆の失望を伝えた。インド各地を歩きまわり、イギリス植民地政府への反乱を報じた。仏領ギアナの徒刑場で強制労働に服する者たちが、ろくに食べ物も与えられず、常時かせをはめられている非道さを告発した。北アフリカではフランス軍刑務所の状況を痛烈に非難した。その彼に向かって、『プティ・パリジャン』紙の編集長が一九二四年夏、ツール・ド・フランスの取材を命じた。アルベール・ロンドルはいまいち気乗りがしなかった。フランス国内のルポか。しかも、自転車レースときたもんだ。

自転車のことはさっぱりだったロンドルは、アンリとフランシスのペリシエ兄弟に密着することにした。なにしろ、このタフガイたちは国民的なスターだった。前年のツールで総合優勝を果たし、それまで七回にわたるフランスの空白を止めたのがアンリだ。もうひとつ、二人は口がえらく達者だった。選手がいかに主催者やスポンサーからふざけた真似をされているか、ぶちかます機会をいつも探していた。アンリはこうぶちかました。「名前はペリシエだ、ポチじゃないからな。」つまり、犬っころではない。この異次元世界とその住人の艱難辛苦を少しずつ聞き知ったロンドルは、ツールの男たちをたたえる記事を書くようになる。

シェルブール～ブレストの第三ステージで、彼は例によってメイン集団のなかにペリシエ兄弟の姿を捜した。が、いない。棄権したらしいという話を耳にした。ロンドルはきびすを返し、シェルブールへ向かう。クタンスの町にさしかかると、食堂の前に人だかりができている。兄弟はそこ、カフェ・ド・ラ・ガール〔「駅前カフェ」の意味。一九九八年に取りこわされた〕の一角にいた。いつも行動をともにするチームメイトのモーリス・ヴィルもいっしょだ。三人はまだレース服のまま、熱いココアをすすっていた。

ペリシエ兄弟は向かいに腰かけたジャーナリストに、胸のうちを延々とぶちまけた。次から次へと屈辱的な目にあうんだぜ、と話して聞かせた。今朝だって、審判が無言でアンリのジャージをめくりやがった。もう一枚こっそり防寒用に着てないか見るためだとよ。「犬じゃねえ、ってんだ。」アンリはその瞬間に、弟とチームメイトを引き連れて、棄権することに決めた。「ツール・ド・フランスがどういうものか、見当もつかないだろう。十字架の道行きさ。あれは行程が一四しかなかったけど、こっちは一五もあるんだから。」三人の男はポケットから、薬瓶や丸薬、コカインやクロロホルムを取りだした。フランシスがひとこと、「爆薬物で行進ってわけさ」。

暴露話はいつまでも続いた。「ゴール地で風呂に入るとこはまだ見てないだろ。カネを払っても見るべきだ。泥を落としたらもう、死に装束みたいに真っ白さ。下痢で中身はすっからかん、お湯のなかで目を回してるよ。夜になれば、部屋のなかで、眠るかわりにヴィトゥス様みたいにひくひく踊ってる〔舞踏病は俗に「聖ヴィトゥスの踊り」と呼ばれていた〕。(……)バイクから降りるときは、靴下が降りる、パンツが降りる。からだはどっかにいっちまったまま。」「ラバにもさせないようなこと、それがおれたちのやってることだ。」

自分たちがどれほど苦しみ、つらい思いをしているかという暴露話は、一九二四年六月二十七日の『プティ・パリジャン』の記事〔この年のツールは六月にスタートした〕であますところなく伝えられた。そして「ロードの徒刑囚」の神話ができあがった。その後くりかえし用いられた表現の由来は、ロンドルの記事にあるというのが通説だ。だが、もとの記事でも、この年のツールについてのほかの一一の記事でも、彼自身は使っていない〔二〇〇八年の著作のタイトルに使っている〕。徒刑囚の苦しみという言い方は、数年前からジャーナリズムで用いられていた。ペリシエ兄弟で、のちにヴィルが語ったように、うぶなロンドルを相手にかなり大げさに言いたてたようだ。ただ、それは些末なことでしかない。選手たちの苦しみと勇気がまともにたたえられたことは、ロンドルの記事が出るまで一度もなかったのだから。

ツールの兄弟選手たち

ツールの選手と関係者は、決まって一族郎党《トライブ》にたとえられる。独特のしきたり、秘密や内輪話があり、何十年も同じ顔ぶれがならぶ。ときには血のつながりまである。いや、いっしょにヘモグロビンの輸血を受けたという意味だけじゃない。初回から数えて何組も、兄弟選手が誕生している。

一九〇四年のツールでは、初代チャンピオンのモーリス・ガランが、「ジュニア」こと弟セザールとおそろいのジャージで出走した。二人とものちに失格とされ、それぞれ総合一位と三位のタイトルを失った。イカサマをやったからだ。一九〇七年には、総合優勝を飾ったリュシアン・プティ＝ブルトンとともに、その弟アンセルムも参加している。観衆の記憶にずっと残った兄弟といえば、一九二三年の覇者アンリに始まるペリシエ兄弟だ。華々しい成績をあげ、タンカを切り、アルベール・ロンドルに暴露話をした兄弟だ。二人と入れかわりに出てきた末の弟シャルルと合わせると、通算で二十三年にわたる。

でも、身内が勝ったからとて自分も強いとはかぎらない。セルセ・コッピやジャン・ボベは、かなりの成績を残したけれど、兄貴のファウストやルイゾンとは比べるべくもない。一九五五年のツールで総合一四位に入ったジャン・ボベは、むしろ文筆家として知られている。英語の学位をもっていて、兄をたたえる伝記を書いたジャンは、『レキップ』紙や『ル・モンド』紙、次いでRTL〔当時はラジオ・リュクサンブール〕の記者として活躍した。ミゲル・インドゥラインの弟プルデンシオは、一九九一年から九五年に五連覇を成しとげた兄貴のアシスト役に徹した。ミゲルの風よけをつとめ、補給ボトルを運んでやった。それ以上の野心をもてるような器ではなかった。一九九三年、マディーヌ湖畔のタイムトライアルがいい例だ。ミゲルがダントツのトップ、プルデンシオは最下位だった。しかも、兄貴がパンクに見舞われていなければ、タイムアウトになるところだった[1]。

（1）個人タイムトライアルの制限時間は、最初にゴールした選手を基準にはじきだされる。タイムアウトになると以降のレースに参加できない。タイムトライアルについては「自転車ミニ用語集」の項を参照。〔訳注〕。

ツール・ド・フランスのポディウム（表彰台）に二人の兄弟が初めて立ったのは二〇一一年のことだ。アンディとフランク、ルクセンブルクのシュレク兄弟が、それぞれ総合二位と三位でパリにゴールした（フランクは後年、ドーピング検査で陽性反応が出た）。父親のジョニーのリベンジを果たす快挙だった。一九六〇年代から七〇年代にかけて七度ツールに参加したジョニーは、上位をねらえるレベルにはなかった。マイヨ・ジョーヌが世代を飛び越える、そんな例もある。

ドーピング問題

まるで一族の古い秘密のように、ときには闇のなかに沈み、ときには猛然と襲いかかり、でもつねにそこにいる疫病神。小声で伏し目がちにしか語られない。あまりにも忌まわしいものなので、選手たちは工夫のかぎりを尽くして、その名を口にしないようにする。関係者はずっと「調合品」「ケア用品」「強壮剤」あるいは「滋養剤」などと呼んできた。だがツールにとってドーピングは、古いなじみの連れ合いだ。ツールの父、アンリ・デグランジュは、第一回大会より八年も前の一八九五年の著書『頭と脚』に、「コーラ（カフェイン）やコカ（コカイン）と称する毒物」のことを記している。早くも一九〇八年の大会で、総合優勝したリュシアン・プティ＝ブルトンが、クリーンな水（「自転車ミニ用語集」の項を参照）だけで漕いでいるわけじゃないとたたかれて、猛烈な勢いで否定した。

かなり早い時期に、沈黙のおきてを破ろうとした選手もいる。「爆薬物で行進ってわけさ。」一九二四年にアンリとフランシスのペリシエ兄弟は、ジャーナリストのアルベール・ロンドルに息まいた。この暴露話にデグランジュは激怒したが、そうしたことが横行しているのは先刻承知だった。一九二九年につくられたルールは語るに落ちる。選手の医療ケア用品は、主催者が費用を負担する。ただし「強壮剤、滋養剤、ドラッグ等は含まれず、今後も選手の負担とする」。

というわけで、アンフェタミンをはじめとする薬物の使用はあとをたたなかった。ドーピングの蔓延をなおも信じない者もいたが、史上屈指の二人の選手の証言が出ると、もはや疑問の余地はなくなった。一九五二年にファウスト・コッピが、「爆弾《ボンバ》」を「ほとんど常時」使っていたと告白する。彼が隠語でそう呼んでいたのはアンフェタミンだ。一九六七年にはジャック・アンクティルが、自分の尻は注射の打ちすぎで、「穴あき杓子」になっていると語った。

事件が起こりはじめたのもこのころだ。最初は一九五五年、フランスのジャン・マレジャックが悪寒に襲われ、ヴァントゥ山を登坂中に崩れ落ち、アンフェタミンの作用で錯乱状態になった。一九六〇年にはロジェ・リヴィエールが、ペルジュレ峠の下りで「真っ逆さまに」落ちていった。ドーピング剤のせいで指の感覚が麻痺し、ブレーキを握れなくなったのだ。彼はこの事故で半身不随となった。そして一九六七年には、イギリスのトム・シンプソンが死亡する。原因は、アンフェタミンとアルコールと暑さという魔の組みあわせだ。

ツールの主催者は反転攻勢を表明した。フランス初のドーピング禁止法が成立した翌年の一九六六年から、さっそくドーピング検査が実施されている。シンプソンの一周忌となった一九六八年の大会は、「すこやかなツール」と銘打たれた。ヴィッテルが開幕地に選ばれたのはなんとも象徴的だ。だが、以前にもましてしずまりかえった水面下で、ドーピング拡大競争はさらに続いていく。選手をホルモン投与ウシに変える筋肉増強剤や、痛みを感じなくさせるコルチコイドが、選手たちのあいだに急速に広まった。つづく一九八〇年代には、成長ホルモンが出現する。筋肉ばかりか足も膨張させるため、選手は小さくなったシューズを新調しなければならなかった。とどめはエリスロポエチン、ＥＰＯという三つの文字は、赤血球の増大と同義語だ。口を結んで肩を揺すらず登坂し、楽々と疲れ知らずの走行ができる。この三文字があれば一夜にして、しがないアシストも名選手に変身できる。

血液ドーピングの蔓延を衆人の目にさらしたのは、一九九八年七月八日の早朝、ベルギー国境での税関検査だった。フェスティナ・チームの自動車から、二五〇アンプル近くのEPOや大量の成長ホルモンが押収された。このチームだけにおさまらないような量だ。それでも偽善者たちの祭典は続行された。主催者は寝耳に水だと言いきった。ほかのチームはあそこだけの話だと突っぱねた。憲兵がくりかえし捜索にやってくると、選手たちは陰謀だとわめき、二度のストライキで抵抗した。一九〇三年以来の歴史で初めて、パリのフィナーレまでのレース続行が危ぶまれる事態となった。

背水の陣の主催者は、翌一九九九年は「再生したツール」をキャッチフレーズにした。ドーピング検査を徐々に強化し、ステージの距離を短縮し、休息日を二日に増やした。二〇〇〇年からはEPOも検出できるようになった。選手はつねに位置情報を把握され、抜き打ち検査に応じなければいけなくなった。ツールに古くからつきまとうドーピングは、それでもなくならないどころか、いっそうエスカレートした。二〇〇〇年代のレースを席捲したランス・アームストロングは、大量の薬物にまみれていた。化けの皮が決定的にはがれたのは二〇一二年のことだ。二〇〇六年に総合優勝したアメリカ人、フロイド・ランディスも、二〇一〇年の王者となったスペイン人、アルベルト・コンタドールも、パリにゴールしたあとで陽性の結果が発表され、マイヨ・ジョーヌを剝奪されている。

不祥事が起き、疑惑がうずまく。検出できる薬物についても、できないものについても、厳しい質問が飛ぶ。ありえないような快挙が出てくる。選手が憲兵に尋問される。こうしたことが毎年の恒例行事と化している。
自転車競技のドーピング問題に特化したウェブサイト「cyclisme-dopage.com」によると、一九四七年以降ポディウムにのぼった一九五人のうち、一三九人が一度はドーピングを取りざたされている。この問題はもう、どうしようもないとあきらめて、ドーピングを合法化すべきなのだろうか。いや、いまだに検出できないものも含め、ドーピング剤が命を奪っていることを忘れてはいけない。とくに近年その傾向がひどくなっている。一九三九年までのツールの勝者は、平均寿命が七十四歳、フランス人全体の六十歳よりも長生きだった。第二次世界大戦後はマイヨ・ジョーヌが六十歳、フランス人全体が七十七歳、完全に逆転してしまっている。

一九二四年――紫色のマイヨ・ジョーヌ

うるわしき古代ローマの執政官《コンスル》で、オッターヴィオという父姓をもつ者がいた。でも彼の場合は残念ながら、郷里のヴェネト州に貧相な土地があるだけだった。自転車ももちろんあったけれど、乗りはじめた年齢は遅い。プロになったのが二十七歳のときだ。とはいえ、才能は教えこまれるものではない。おのずと育っていく。

一九二四年、異様にとがった鼻をした二十九歳の青年、石工をしていたオッターヴィオ・ボッテッキアが、苛烈なレースをぶっちぎり、イタリア人としては初の総合優勝を勝ちとった（翌一九二五年も総合優勝）。向かうところ敵なしで、だれひとり追いつけない。第一ステージから最後の第一五ステージまで、ずっと総合首位をキープという前代未聞の記録だった。

だが、ツールが開幕したときから、彼は身の危険を感じていた。だれかがわざとパンクさせているかのように、タイヤの空気が抜けている。彼は異例の要請を主催者に出す。母国をかすめる第九ステージ、トゥーロン～ニースではマイヨ・ジョーヌを着用したくない。プロ入りしてから字の読み方を覚えたオッタヴィオは、反体制的な本を読みあさっているとの噂が立っていた。つまり、ムッソリーニの黒シャツ隊にねらわれている可能性があった。主催者は最悪の事態を避けるためにルールを曲げ、この首位選手が所属チーム、オートモトの紫色のジャージ姿に戻ることを認めた。未来の王者は七月八日、身をやつして二八〇キロを走りぬけた。

一九二六年——史上最長のルート

全長五七四五キロ。パリ～ニューヨークに相当する距離だ。いかれている。この年のルートの線を引いたとき、ツールの幹部たちの手元がすべったにちがいない。開幕地はエヴィアン、パリでないのは初めてだ。そこからすぐにノール県をめざして北上する。山岳はなるべく後ろにもってきて、落着かない気持ちにさせておく。

だが、招かれざる客がすべてを台なしにしてしまった。天気だ。破滅的にひどかった。リタイアも雨あられと続出した。七月六日の第一〇ステージ、バイヨンヌ～リュション、三二三キロもそうだった。雲があばれ、霧が邪魔し、空気は凍てついていた。選手たちは自然の猛威と格闘した。オビスク、トゥルマレ、アスパン、ペールスルド、峠はどれもエヴェレストと同じぐらい難攻不落だった。チェーンにも、疲労にひきつった顔にも、泥がこびりつき、自転車の上で小便をして洗い流した。ネジのゆるんだフォークみたいに震え、サドルに戻るのに臆した選手もいれば、暗がりで遭難した選手もいた。ステージ優勝はルシアン・ブイス、十七時間あまりかかったから、平均時速は一八キロという計算になる。バイヨンヌをスタートした七六人のうち、ゴールした勇者はわずか五〇人ほどだ。いや、勇者とはかぎらないかもしれない。夜もとっぷり更けてから、一〇人ぐらいの選手が忽然と復活したという噂が流れた。さらにその後、ツールの主催者を訪ねてきた男がいる。トラックに乗せてやった選手たちの運賃を請求するためだ。ある幹部が内密に支払ったらしい。

エヴィアンをスタートした一二六人は、パリでは四一人にまで減っていた。総合優勝の選手〔前出のルシアン・ブイス、国籍はベルギーで、「フィリップ・ティス」の項に出てきたマルセルの弟〕が五七四五キロに要した時間は、二百三十八時間あまり。

一九八八年以降、四〇〇〇キロを超えるコースは設定されていない。

一九二六年――初出場の日本人選手

その数年前から、ツール・ド・フランスはどこがフランスという感じになっていた。すでにベルギー人複数名、イタリア人一名、ルクセンブルク人一名が、あの最高の座を射止めていた。さらに一九二六年には、世界の反対側の日出ずる国から、未確認疾走物体まで乗りこんできた。その名は川室競《きそう》、なんてこった、日本人だぞ！

三十四歳になるところで、所属チームなしの個人参加《ツーリスト・ルティエ》だった。結果は第一ステージでリタイア。翌一九二七年も同様だった。二人目の日本人、今中大介がツールに出るのは、それから七十年後の一九九六年だ。一人目よりも長く走り、第一四ステージまでもちこたえた。

二〇〇九年、沿道の人びとは二人の日本人、新城幸也《あらしろゆきや》と別府史之に好感をもった。古いヨーロッパ圏外の者には冷たい雰囲気の集団のなかで、なんとも忘れがたい笑顔をした二人の「よそ者」は、ジャーナリストとグルーピーに追いまわされた。順位はふるわなかったものの、この人気レースで初めて完走した日本人となる。

ツールは日本で愛されている。オスカーを取った名監督、宮崎駿もツール好きで、ローラン・フィニョンのファンだ。[1] ツール好きのビッグ・アーティストは彼だけではない。毎年冬には、ツール・ディレクター（または伝説の名選手）が東京を訪れる。映画館で夜を徹して、前回のツールのシーンを上映するためだ。[2] 東京はすでに、いつかツールのスタート地になるという夢を描いているのだ。

（1）なにかツールの絵を描いてほしいとの『ル・モンド』紙の依頼に対して、宮崎氏はフィニョンを描いた。知的で人間的な選手だからと説明し、タイトルは「行け、フィニョン」にしてくれと言いそえた。出典は『ル・モンド』掲載のフィニョンの訃報で、本書の共著者によって書かれたもの〔訳注〕。

（2）J SPORTSによりユナイテッド・シネマ豊洲で開催。共著者よりご教示いただいた〔訳注〕。

一九三〇年――ナショナル・チーム制に

変化か、さもなくば死か。ツールの創始者アンリ・デグランジュは、一九二九年の大会の余韻もさめやらぬうちに、じり貧になっていることを感じた。否定しようがない。数年前からのツールの劣化はひどすぎる。見せ場が足りないし、緊張感も欠ける。イカサマや悪質行為、談合が目にあまる。これでは観衆が離れてしまう。

悪いのはだれか。チームの冠スポンサーについている大手自転車メーカーだ。その筆頭が、豊富な資金力で強豪選手を集めているフランスのアルシヨンだ。なにかにつけて口をはさみ、ツールをがんじがらめにし、だれが勝つかを決めてしまう。一九二九年、ベルギー人のマウリス・デ＝ワールの優勝もそうだった。ただ、この勝者は峠越えのたびに、チームメイトにひっぱられていた。それでデグランジュは怒り狂っていた。「あんな死人みたいなのを勝たせやがって。」デグランジュは翌一九三〇年から、ツールのルールを根本的に変えた。自転車メーカーのロゴ入りジャージはお払い箱、「エース級」の強豪には国別カラーのジャージを着せる。つまり、八人ずつ五か国、フランス、スペイン、ベルギー、イタリア、ドイツのナショナル・チームを編成する。さらに六〇人分の個人参加枠も用意して、プロトンのボリュームアップをはかる。自転車メーカーとの関係を断ち切るために、ナショナル・チームの費用は主催者側で負担して、出走者には標準規格の自転車を支給する。

ねらいはうまくいった。総合優勝したフランスのアンドレ・ルデュックが、イタリアのレアルコ・グエッラと接戦を演じた一九三〇年の大会は、ものすごく盛りあがった。以後、この方式が文句なしに定着する。正確には一九六二年、トレード・チーム制に舞い戻るまでの話だが。

広告キャラバン隊

沿道に詰めかけた人びとが喝采を送る。音響とプラスチックでできたサーカスの車列は、延々二〇キロにおよぶ。その間ずっと、ちょっとしたグッズを女の子たちが配っていく。全部で一五〇〇万個ものキャンディ、マドレーヌ、水、サラミのスライス、それからスマイルなどが、フランスの津々浦々にばらまかれる。

ツールに出かける観衆の四七パーセントは、かの有名な広告キャラバン隊を見ることが第一の目的だ。六〇〇人というものすごい人数が、にぎやかでド派手な一八〇台の山車《だし》で移動しながら、三七のブランドをにこやかに宣伝する。かれこれ八十年来、爆走する選手集団の先導役をつとめている。

キャラバン隊は一九三〇年、ツール・ディレクターのデグランジュが思いついた。出場チームを牛耳るスポンサー企業と縁を切るべく、ナショナル・チーム制を導入し、自転車は同一規格で支給すると決めた直後のことだ。その費用をまかなうのに、広告収入はうってつけだった。デグランジュは国内の大手ブランドに声をかけた。こうしてキャラバン隊が定着するようになる。

やがて「チーズの」ラッフィングカウが有名になり、イヴェット・オルネール〔「一九五二年――屋根の上のアコーディオン弾き」の項を参照〕が沿道を魅了した。赤毛の彼女のシルエットは、今でもキャラバン車の上で揺れている。広告キャラバン隊というアトラクションは、人を引きつけ、カネを呼びこむものになった。一九九二年には四万五〇〇〇フラン（六八六〇ユーロ相当）だった参加料は、現在は五万ユーロぐらいになっているだろう。一ブランドあたりの投資額は平均三〇万ユーロほどだろうが、その三倍に達するところもありそうだ。投資効果はめちゃくちゃ高い。なんといっても一二〇〇万人が沿道に押し寄せるのだから。

一九三四年——献身的なアシスト

「ルネ王」とたてまつられた。でもタイトルもメダルも取れなかった。忠誠を尽くさなければならず、世界で最高に美しいプリンセス、グランド・ブークル〔ツール・ド・フランスの別名で女性名詞。「大ループ」を意味する〕を射止めることもできなかった。ひとことでいえば、呪われた王。

ルネ・ヴィエット、弱冠二十歳、タイヤのチューブに才能をみなぎらせていた。初めてツールのアスファルトを駆けた一九三四年のこと、この地味な男がブレイクした。ガリビエその他の恐るべき峠も、彼のペダリングにかかれば単なる直線コースに見えてくる。ペルピニャン～アクス・レ・テルム、一五八キロの第一五ステージが始まった。ピュイモラーンス峠の下りで、このカンヌ出身の若者は、マイヨ・ジョーヌのアントナン・マーニュを抜いて優位に立った。ところが一九三一年のツールを制したフランスのエース、マーニュがパンクを起こす。ヴィエットは停まり、前輪ホイールを差しだした。マイヨ・ジョーヌを守るためだ。

この時点で若きヴィエットはすでに三つのステージ優勝を獲得していた。石垣に腰かけ、涙にくれ、欠けた自転車のかたわらで、チーム車両を待ちながら、どんな思いでいたのだろうか。彼の献身はフランス人みなの心を打った。翌日、ピレネーのポルテ・ダスペ峠の下りで、ツキに恵まれないマーニュが落車した。ホイールの先まで忠心あふれるヴィエットは、引き返して坂を登り、自転車を兄貴に差しだした。さらば、マイヨ・ジョーヌ。総合五位に終わったが、山岳賞を取ったのがせめてものなぐさめだった。

その後のツールは不運つづきだった。ベストは一九三九年、マイヨ・ジョーヌを十一日間着用して、総合二位。そして第二次世界大戦が起き、総合優勝の夢は絶たれたかに見えた。だが一九四七年、ツールはよみがえり、三十三歳になっていたヴィエットも復帰した。この年はファウスト・コッピもジーノ・バルタリも欠場で、最有力な優勝候補となった。早くも第二ステージで、一〇〇キロ以上を単独で逃げきり、圧巻の区間優勝をとげた。二一のステージのうち、一五でマイヨ・ジョーヌを着て走った。ついにプリンセスが彼になびいてくれたのか。

だが、不運はいつも曲がり角で待ちかまえている。十九日目にマイヨ・ジョーヌを奪われた。ブルターニュ地方ヴァンヌ〜サン・ブリューのタイムトライアルが致命傷だった。一気に疲れが出て、ガタガタに崩れた。王は老いていた。脚も老いていた。コースの路肩に血まみれで倒れていた選手を見て、動揺したのかもしれない。レース中に地元の男がよこしたシードルのボトルに、なにかあやしいものが入っていたのかもしれない。フランス全土が通夜のように打ちひしがれた。「自分は国のためにできることはやった」と、ルネは重々しく述べた。総合順位はまたしても五位だった。

そのむかし、ツールの選手たちは変速機を使わせてもらえず、速度を変えるのはもう超人わざだった。急停止してバイクを降り、指でチェーンをはじいて、登り下りに合ったギアにかける。それではすまず、逆側についた別のギアにかけるために、車輪を外して反転させることもあった。そのあいだに時間は経ってゆく。この厳しい試練に選手は神経がまいり、アタックに気負けやすくなってしまう。

一九三五年――憲兵の面目をつぶした男

一九三五年七月十三日、ガップ～ディーニュのステージで、アロス峠の下りを前にしたジョルジュ・スペシェールは、変速するために停止した。一九三三年のツールと世界選手権を制した猛者は、パリのメニルモンタン育ちのやんちゃ男、血気さかんで、かっとなりやすく、ラバのように頑固なやつだ。自転車乗りになってまだ数年で、その前は配達人の仕事をやっていた。そのときの足が自転車だ。アロス峠でスペシェールはぐずぐずともたついて、なかなかギアを切り替えられずにいた。ドッボにはまり、人だかりが増える。重圧だった。どかすために一発お見舞いせざるをえなかった。

どいたどいたと、なぐった相手のひとりが憲兵で、面目をつぶされた相手は告訴した。ゴールの直後、ツール・ディレクターのデグランジュのところに、地元の憲兵隊長から電話がかかってきた。今晩中にやつを出頭させろ、逮捕せねばならんかもしれん、と言う。スペシェールのほうは、とにもかくにも休みたくて、動こうとしなかった。というわけで、後日ツール・ディレクターとなるジャック・ゴデの回想録によると、デグランジュみずから筆をとり、侮辱された憲兵に詫び状を書いた。本人の筆跡をまねて署名も入れた。手紙を届ける算段はすぐについた。翌日のコースは兵舎の前を通る。プロトンの先頭に立ち、そこで停まって手紙を渡せばいい。その間はアタックはかけさせないという保証もつけた。ところがスペシェールは筋金入りの頑固者だった。彼のわめき声が、兵舎の前にいた観衆にはっきり聞こえた。「あいつはどこだ、あのバカはどこだ。」スペシェールは自転車を降りずに手紙を放り投げ、そのままレースを続行した〔第一〇ステージ〕。

機材の変化

一九〇三年のツールで総合優勝したモーリス・ガランが駆った自転車は、今のそれとはずいぶん違う。重さ一三キロ、ブレーキなし、変速機なしの単速だ。この「固定ギア」では、ひたすらペダルを漕ぎつづけないといけない。現代のおしゃれな都会人に人気の「フィクシー」とまったく同じだ。ときどきペダリングをやめても大丈夫な「フリー・ホイール」が普及するのは数年先のことで、ブレーキの普及も同じころだった。

第一次世界大戦後にはダブル・ブレーキや、ストラップ留めのトウ・クリップ、後輪の両側についたギアが出はじめる。この方式のギアは、登り下りに合わせて速度を変えられるが、自転車を降りて車輪を反転させないといけなかった。一九三七年にツールの主催者が変速機の使用を認めると、この危なっかしい操作は不要になった。

その後の数十年で自転車はしだいに洗練されていく。重さは八キロ近くにまで減った。一九八〇年代にはフレームの素材がスチールからカーボン、チタン、複合材料に移行した。また「ビンディング・ペダル」が急速に広がった。シューズの底をビスで留め、ペダルにはめこむ方式だ。外すときは、ちょっとひねる。タイムトライアル用バイクも同じ時期に急激に変化する。「エアロ・バー」と呼ばれる細長いハンドルが取りつけられ、タイヤは空気抵抗を減らすためにパンパンに張るようになった。

国際自転車競技連合（UCI）は、こうしたきりのない機材競争を前に、たとえば重さは最低六・八キロという具合に、それらが自転車のていをなすための条件を厳格に規定した。車体の検査もひんぱんに実施されるようになった。フレームに小型エンジンを隠していないかなどがチェックされる。それでも競技用自転車のハイテク化傾向は止まらず、自動車より高価なものも登場している。

一九三五年――忘れられた死者

厄介な死者もいれば、知られずに終わった死者もいる。忘れられた死者もいる。フランセスコ・セペーダの場合は、悲しいことに三つのすべてにあてはまる。

一九三五年のツールの序盤、プロトンは酷暑にさいなまれていた。タイヤチューブは限界に達していた。夏のむちゃくちゃな熱気がリムを傷めつけた。近年のツールでは、ぼろぼろになりやすい木製リムにかわって、アルミニウム合金のジュラルミン製リムが主流になっていた。ただ、この金属は車体を軽量化してくれる一方で、熱伝導率が理想的なまでに高かった。

チューブを留めるのにはだいたい絶縁テープが使われていたが、水銀柱がちょっと度を超えたり、下りブレーキのタイミングが遅れたりすると、ジュラルミン製リムの熱でふやけてしまう。すると、チューブがずれ、はじけ、よじれ、跳ねて、ホイールから外れる。すでに第二ステージから、犠牲者が続出だった。次々にリムが外れ、次々にチューブが吹っ飛んだ。

主催者は対策を迫られた。メーカーに仕切られるのを避けるために、自転車を主催者が支給していた時期だ。唯一の解決策は、むかしの木製リムに舞い戻ることだった。パリから発注をかけたが、現物がなかなか届かない。最初の分はナショナル・チームに割りあてられ、格下の個人参加選手はあとまわしにされた。

そうした二級選手のなかに、茶色の髪の二十九歳のスペイン人、フランセスコ・セペーダがいた。裕福な父親にとって不肖の息子だった。判事の職があり、プロになる必要はなく、まったくの趣味で自転車に乗っていた。

七月十一日、エクス・レ・バン〜グルノーブル、二二九キロの第七ステージでもまだ、彼のリムはジュラルミンのままだった。ガリビエ峠の下りで、暑さのために前輪チューブがやられ、焼けつくアスファルトに頭をたたきつけられる。直後を走っていたイタリア選手、アドリアーノ・ヴィニョーリは追突して鎖骨を折った。セペーダは痛みにもうろうとしながらサドルにまたがり、観衆に支えられて進もうとしたが、崩れ落ちて意識を失った。グルノーブルの病院に運ばれて、三日後に他界する。

初めてのレース中の死亡者だった。それ以前、一九一〇年のツールでも死亡者はいた。とはいえアドルフ・エリエールの場合は、海水浴をしていたときの急死で、休息日に起きた出来事だった。

ツールはセペーダの死に極力ふれないようにした。機材に不備があったまま選手を走らせていたと、批判や責任追及を受けるのを避けたかったのだろうか。いずれにせよ、自転車にほれこんだアマチュア選手の落車事故は、新聞の一面を埋めつくすようなこともなく、ツール・ド・フランスのダメージにはならなかった。

ジャック・ゴデ（一九〇五〜二〇〇〇年）

ドゴール将軍は自分の「唯一のライバル」はタンタンだと語っていた。じつはそうじゃない。年に一度、かの「偉大なシャルル」を思いきり日陰に追いやってしまう男がいた。その男も制服を着ていた。サファリヘルメット、丈長のバミューダ、カーキ色の開襟シャツだ。その男もまた畏敬の念で見られていて、直立姿勢を崩すことなく、群衆をかき分けて進んだ。一九三六年から八七年まで長くツール・ド・フランスを牽引し、作家のアントワーヌ・ブロンダンにこう言わしめた。「ドゴール将軍は十二か月のうち十一か月、フランスを統率する。七月はジャック・ゴデだ。」

軍人となるために生まれたような人間がいるのと同様、彼にはツール・ディレクター以外の経歴は考えられない。子供のころは日曜日のたび、父親についてパリの自転車競技場にかよった。父親のヴィクトールはアンリ・デグランジュの事業パートナーとして、『ロト』やツール・ド・フランス、自転車競技場を共同で経営し、財務面をになっていた。ジャック少年は資産家の子息として申し分のない教育を受けた。日曜は教会の合唱隊をつとめ、木曜午後はコメディ・フランセーズやオデオン座に観劇に行き、早くからスポーツをたしなんだ。運動は精神の向上につながるという発想からだ。イギリスに留学し、オックスフォードのそばで高校生活を送っていたときも、トレーニングに打ちこんだ。大学入学資格は取れずじまいだったが、そんなことは意に介さなかった。一九二六年、まだ二十一歳のときに父親が亡くなると、ジャック青年は『ロト』編集部に入りびたるようになる。しだいにデグランジュが父親がわりになっていった。

何年かすると、ゴデは鋭い文章と論評で一目おかれる記者となる。一九三二年には、フランス人ジャーナリストとして唯一、ロサンジェルス五輪の取材に出向いている。

ツール・ド・フランスに最初に足を踏み入れたのは一九二八年、ピレネー越えを取材した。一目で夢中になって、翌年は全日程を取材する。一九八九年まで欠かさず変わらぬ愛をささげ、その機を逃したのは二回だけだ。一九三二年はオリンピックのためで、一九八一年の一週間は外科手術のせいだ。「ツール・ド・フランスはもう私の心、私の存在の一部だ」と、一九九一年に出版した回想録『素晴らしき無鉄砲』に記している。一九三六年、病気のデグランジュが第二ステージでツールを去ったとき、ゴデが代行になったのは当然のなりゆきだ。レースに目を光らせ、夜には『ロト』の音に聞こえた社論を執筆した。でも、誤解しないでほしい。ツールはデグランジュにとってもゴデにとっても、あくまで「新聞のためにやっていること」だ。平たくいえば販促にもってこいのイベントということだ。

第二次世界大戦後、ゴデは対独協力者としての粛清を奇跡的にまぬがれた。『ロト』は占領下でも発行を続け、ドイツのプロパガンダの片棒もかついだが、製作所の労働者たちは地下活動で、レジスタンスのビラや新聞も印刷していた。それに、この暗黒時代にゴデは一度もツール開催に同意しなかった。粛清をまぬがれた彼は、一九四六年に日刊スポーツ紙『レキップ』を新たに立ちあげ、一九四七年にツールを再開するにいたる。ゴデはまもなく戦前の威信を取り戻した。

『レキップ』の社主としても、ツールのディレクターとしても、彼のやり方はいつも同じだ。きわめて厳格で、怒りは険しく、このうえなく慇懃だけれど、なれなれしい態度は取らせない。つねにツールの、つまりは新聞の得になるよう動く。自社のレースの記事を自紙に書きつつも、二つの利害が一致しないこともある。一九六一年のツールはぱっとしなかった。ジャック・アンクティルのひとり勝ち状態で、ヤマ場がまったくないまま終わった。ゴデは『レキップ』紙上で「ロードの小人ども」、「十人なみでかまわないと思っていて、次点でも取れれば万々歳の選手たち」をこき下ろした。新聞の売れ行きはツールのおもしろみにかかっていた。イベントを盛りあげることが至上命令だった。だからドーピングの広がりについては過小評価しがちだった。

数十年のあいだにゴデはしだいに父親のような、古老のようなツールのお目付役となった。一九八四年に『レキップ』を辞しても、ツール・ディレクターのほうは一九八七年、八十二歳になるまで続けた。鬼籍に入る二年前の一九九八年、フェスティナ事件のまっただなかで、シラク大統領にこんなことを語っている。「選手は「ドーピングをするものです。ツールを走りぬくためだろうと、一〇〇メートル走るためだろうとね」。自社のレースを守ろうとする姿勢が、どこまでも滲み出ている発言だ。

一九三七年——スペイン共和国の健闘

ツール・ド・フランスはフランスの歴史の一コマというだけではない。ヨーロッパの歴史をものがたるものでもある。一九三七年の大会がそうだ。ナチス・ドイツのカギ十字をつけたチームの姿があった。ムッソリーニのファシスト政権もプロパガンダに利用しようとした。この年の四四一五キロのルートには、イベリア半島の内戦も影を落としている。

スペインの選手は、マリアーノ・カニャルド、フリアン・ベレンデロ、アントニオ・プリオール、フェデリコ・エスケラ、ラファエル・ラモス、フアン・ヒメノ。正確にいえば、スペインの代表とは言いきれない。彼らが代表していたのは、フランコ将軍を相手に存亡を賭け、血を流しながら苦闘するスペイン共和国だった。

ペルピニャンからポーまでの第一四ステージと第一五ステージは、スペイン国境をかすめるコースだった。スペイン・チームはピレネー越えに意欲を燃やした。自由のため、民主主義のために走るのだ。人民政権が成立していたフランスで、新聞は彼らに好意的だった。快進撃で総合優勝をとげる自国選手ロジェ・ラペビに対してほどではないにしろ、観衆の一部も彼らに声援を送った。アクス・レ・テルムではカニャルド、ポーではベレンデロが区間優勝を飾っている〔それぞれ第一四B、第一五ステージ〕。

スペイン人たちの逃げは鮮烈な印象を残した。それは軍政にとっても同じだった。一九三九年に、フランコ体制が全国支配を確立する。ベレンデロは拘束され。一年間の強制収容所送りとなっている。

一九三八年——二人で分けあった勝利

ライバル意識は時とともに薄まるものだ。同じ登りに苦しみ、数千キロのレースで精魂尽きれば、心も通じあってくる。アントナン・マーニュとアンドレ・ルデュックには多くの共通点があった。ともに一九〇四年に十二日ちがいで生まれた二人のフランス人は、二七年にそろってツールにデビューした。総合優勝は二回ずつ、ルデュックが三〇年と三二年、マーニュが三一年と三四年だ。チームメイトとしてフランス・チームで組んだこともある。そして二人とも、足かけ十年にまたがるステージ優勝という戦歴をもつ数少ない選手のひとりだ。三七年のレースはともに欠場している。共通点を数えればきりがない。

最後のツールとなった一九三八年、マーニュとルデュックは高邁なスポーツマンシップを見せてくれた。二人がツールに別れを告げた七月三十一日、リール～パリ、二七九キロの最終ステージでのことだ。タイムは総合首位の若きイタリア人、ジーノ・バルタリに遠くおよばず、番狂わせの可能性はゼロだった。ゴールまで六〇キロを切ったヴァラングジャールの坂の手前で、ルデュックがアタックに出た。ついていったのはマーニュだけだ。かつて一九二七年の最終ステージで、ルデュックがペースを上げて区間優勝を果たしたのと同じ坂道だ。マーニュはそれをわきまえていた。「よし、トナン、二人で行こうぜ」、アンドレが叫ぶが、足手まといになりそうでアントナンは躊躇した。「あいかわらずのバカってわけか」とアンドレが吠え、並んでパリをめざすことになる。ゴールを切った二人の姿は、肩に手をやり、腰に手をかけ、まるで一心同体だった。最後のツール、最後のステージ、最後の勝利。それは二人が愛したレースと一目おいたライバルへの、最後の表敬でもあった。デビューもいっしょなら、引退もいっしょだった。パルク・デ・プランスの五万人の観衆は歓呼した。審判は二人を同着とするしかなかった。

一九四七年——四度目の逃走

一九三九年からツールは仮死状態だった。生みの父は一九四〇年に世を去った。『ロト』は占領下でも発行を続けたため、パリ解放後に解散処分となった。おのずとデグランジュの後継者となっていたゴデは、それでも一九四六年に同じメンバーで再起を果たし、『レキップ』紙を立ちあげた。さらに翌年、ずたぼろのフランスにツール・ド・フランスの魂を復活させた。ロードにツールが戻ってきた。英雄たちも戻ってきた。アルベール・ブルロンもそのひとりだ。

初めて聞く名前かもしれない。後世に残る快記録を打ちたてた無名選手、だれもかなわない無名選手だ〔ナショナル・チームではなく中部・南東部チームの一員として出場〕。

七月十一日、カルカソンヌ～リュションの第一四ステージ、スタート直前の彼の耳に、約五〇キロ地点のエスペラザを先頭で通過した選手には、二万フランの賞金が与えられるという話が飛びこんできた。当時の感覚ではすごい大金だ。茶色の髪で長身のブルロンは、賞金をめがけて最初から飛ばした。よし、オッケー、「先頭に出たから、そのままキープ」の気持ちでいったと事後に語っている。最初の峠で十六分、次で二十二分の差をつけた。後続選手を十六分二十秒、引き離してゴールした。

本人には自覚がなかったが、二五三キロを単独で逃げきっていた。カルカソンヌ〜リュションの距離そのものだ。自覚のないまま、ツール史上最長の独走記録を打ちたてていた。その後、一九七七年にベルナール・キルフェンがブザンソン〜トノンで二二二キロ、一九九一年にティエリ・マリがアラス〜ルアーヴルで二三四キロの逃げきりを果たしている。でも、ブルロンの記録を破った者はいない。

逃げはブルロンの習い性だった。戦争中に兵士として従軍していた彼は、下シレジアの収容所から逃走を二度こころみて、三度目に成功をとげている。この英雄は後日よく言っていた。「いやいや、ぼくが誇りに思ってるのは、あの逃げきりよりも、再三の逃走のほうなんだ。」

一九四七年――結婚祝いはマイヨ・ジョーヌ

言葉には千金の重みがある。彼の人生観は黄色に染めあげられていて、稼ぎのタネはアスファルトにしかないことを自覚していた。ジャック・ロビックの顔つきは完全にロード向きだった。ダンボのように広い耳、少年期を送ったブルターニュの絶壁のようにこけた頬、ひきつった妙な笑顔。自転車に乗ると小柄だが、一九四七年のツールの全長、四六四二キロに見あう度胸をもちあわせていた。

「ビケ」ことロビックは、言葉に二言のない選手だった。ツール開幕の四日前に結婚したとき、新妻のレモンドにこう言った。「貧乏だから、きみにあげる持参金はない。でも一か月後には、ツール・ド・フランスの王者の奥さんにしてやるよ。」

それから二一のステージと一か月が過ぎ去った。マイヨ・ジョーヌをまとったのは最終日の晩になってからとはいえ、この弱小地方チーム〔西部チーム〕の選手は言葉のとおり、戦後初めてのツールで総合優勝を勝ちとった。ピレネーでは、飛ぶように駆けぬけた。優勝候補のルネ・ヴィエットト、あの永遠に不運な選手を追い越した。うら若いルイゾン・ボベを突き放した。メイン集団を引き離して勝利を確実にするために、最後の数キロはカネを出してエドゥアール・ファシュレトネールに協力させた（らしい）。ロビックは「向かい風に息を吹きかける」男と評された。気むずかしくて、身長は一六一センチしかなかったが、自分を大きく、かなり大きく見積もっていた。ライバルにはこんな憎まれ口をたたいた。「バイクに荷車をくりつけて、そこに姑を乗っけたって、それでも真っ先に頂上に着けるさ。」

ジャン・ロビックの言葉に二言はあるまい。

一九四八年――十年後の二勝目

ワインを少し、タバコも若干、それにお祈り。「信心者のジーノ」と人は呼ぶ。多少の罪は犯したにしても、レース前のミサは欠かさなかった。汗と苦痛にまみれ、登り坂で魂がへたりそうになり、神の息吹を感じながら逃げを打つ。そんなツールの路上こそが、いちばん神様に話しやすい場所だった。ジーノ・バルタリはイタリア人にとって、髪をオールバックにととのえた聖人だ。ツール・ド・フランスにとっては、マイヨ・ジョーヌのまたとない使徒のひとりだ。

一勝目は一九三八年、きっと天使が彼の自転車に翼をそえてやったのだろう。第一四ステージ、ディーニュ・レ・バン～ブリアンソンの二一九キロで潮目が変わった。軽々と峠を越えていき、ライバルたちに圧勝した。一九二五年のオッターヴィオ・ボッテッキアに続き、イタリア人で二人目の総合優勝を二十四歳のバルタリが飾った。

さらに戦後のツールでも、ベルギーの「黒色軍団」やフランスの花形選手を押しのけて、再度の優勝を勝ちとった。一九四八年、三十四歳のときだ。十年間隔での二勝は、あとにも先にもない。しかも、なんとも強烈なツールだった。この信心者は、区間優勝したルルドでミサの挙式を「要求」し、選手一同の参列に固執した。カンヌでは、ほかならぬデ＝ガスペリ首相が、イタリアを代表して電話をよこし、一肌ぬいでほしいと言ってきた〔第一三ステージ前〕。

「ジーノ、ツールで勝てそうだろうか?」
「ええ、でもどうして、そんな質問を?」
「トリアッティ（当時のイタリア共産党書記長）が襲撃された。国は内戦の瀬戸際だ。落ち着かせるためには、きみがパリで勝利をあげてくれるしかない。」
「勝ちますよ。」

ムッソリーニ政権もまた、彼の後光を利用しようとしたが、それは無理な話だった。ヴァチカンに引きこもったバルタリは、そこを拠点にひそかに八〇〇〇人のユダヤ人を救ったと言われる。愛車のサドルの下や、フレームのパイプの空洞に、にせの身分証明書を入れて運んだらしい。それを自慢したことはない。「善行というのは、行なうものじゃないか。語るものじゃないよ。ジャンパーじゃなくて、魂にかけられるメダルもあるんだよ。」

ファウスト・コッピ（一九一九～六〇年）

はてしなく長い脚、少年のような胸、ふくらはぎと同じぐらい細い首、齧歯類のような顔つき。ファウスト・コッピの人生は、あきることなく何キロも、アスファルトをかじりつづける人生だった。ひとたびメイン集団から抜けだすと、追いつくのはまず無理だった。彼は群れから、大勢への迎合から、貧しい境遇から逃げだした。実家の仕事はあくせく土を耕すことだった。「自転車競技をやめようかという思いがよぎるたび、農家のしんどい生活を考えた。」

土、アスファルト、それが彼の世界だった。コッピは名選手のなかの名選手のひとりと見なされ、イタリアではカンピオニッシモ（スーパーチャンピオン）と呼ばれている。チームメイトからも崇めたてまつられた。一九五二年のツールで、グレガーリオ（エースをアシストする選手）のアンドレア・カッレアが、第九ステージで彼をさしおいてマイヨ・ジョーヌを奪ったことを泣いて詫びたほどだ。翌日のアルプス越えで、マイヨ・ジョーヌはきっちりコッピの手に渡った。

戦績は枚挙にいとまがない。ジロ・デ・イタリアで五勝、世界選手権で〔トラックとロードを合わせて〕三勝、ミラノ～サンレモで三勝、パリ～ルベで一勝、といった具合だ。長距離の独走勝利も多い。「サギ」

の異名ももつコッピが単独で先頭に立った距離は、合計すると三〇〇〇キロにもなる。なかでもツールの二回がすごかった。一九四九年には、総合首位に三十分以上の差をつけられていたが、その後の力走は語りぐさになった。とりわけタイムトライアルが圧巻だった。当時二十九歳の青年は、だてにアワーレコードを(一九四二年から五六年まで)保持していたわけではない。おくれを取り戻し、アルプスも軽くたいらげた。パリにゴールしたときには、同じイタリアのライバルで、前年に優勝したバルタリを十一分近く引き離していた。一九五二年のほうは散歩みたいなものだった。三十分に迫る大差で総合優勝を飾った。

コッピといえばバルタリだ。二人の男は切り離せない。イタリアは「いけすかねえ野郎」のファンと「信心者」のファンに二分された。ライバルではあったものの、互いに限りない敬意をいだいていた。証拠だってある。一九四九年のツールの第一六ステージでは、その日が誕生日のバルタリに、コッピが勝ちをゆずっている。コッピがバルタリに自分のボトルを渡している写真もある。一九五一年のツールでは、ファウストは弟を亡くして打ちのめされていた。とても優勝をねらえる状態になかったから、出走したのはジーノのためだった。

道徳にうるさいイタリアで、コッピは賛否両論を巻きおこした。結婚しているというのに、同じく既婚の通称「白い貴婦人」と堂々と出歩き、一子をもうけている。そのせいで彼は獄中生活を何日か送るはめになった。そして教皇は、選手たちのなかに異端者がいるという理由で、ジロ・デ・イタリアに祝福を与えなかった。

コッピは厳しい栄養管理という斬新な手法を自転車競技にもちこんだ。今でいう食餌制限で、レバーと小麦胚芽が中心だった。

調子の悪いときのコッピは、右膝の血管がふくらみはじめた。それでもハンドルを手放すことはなく、引き際を誤りつづけた。「最後のころはもう、いわば見るにたえない素晴らしいヘタレになっていた」と、ジャーナリストのピエール・シャニが評している。コッピは一九六〇年一月二日、四十歳で逝った。グループ旅行でオートヴォルタ〔現ブルキナファソ〕に行ったときに感染したマラリアを誤診されたせいだった。

彼は父親のように土を耕すのがいやだった。十歳の時に罰として一〇〇回、「学校に行かないといけません。自転車で走ってはいけません」と書かされている。それは結局できずじまいに終わった。

テレビとツール

坂道を懸命に登る選手たちの奮闘。まだ知りつくされてはいなかったフランス各地の風景。沿道の観衆たち。それらを文章で伝えないといけない時代が長く続いた。次いで映像がやってきた。まずはニュース映画だ。一九三一年、初めてツール・ド・フランスが上映される。続いてテレビが登場した。でも、ツールの中継は長いこと大胆な賭けだと思われていて、じわじわとしか定着しなかった。

ツールの放映自体はテレビの初期からずっと続いている。受像機のある世帯がまだ数千しかなかったころ、フランス初の実況中継は、一九四八年のツールのフィナーレ、パリのパルク・デ・プランスのシーンだったのだ。翌年からは、ステージごとのダイジェストが始まった。撮影したフィルムのリールが電車や飛行機でパリまで運ばれて、最初は翌日、やがて当日の晩に放映された。一九五八年にはオビスク峠の頂上で四つのカメラが回されて、登坂シーンが実況中継され、一九六〇年にはヘリコプターからの撮影が始まった。こうして少しずつ、ツールのテレビ中継は七月の午後の必見番組として定着し、フランス人のツール応援とテレビの普及を促すことになる。放映されるステージの数はしだいに増え、放映時間もどんどん長くなった。TF1局のオーナーのフランシス・ブイグは、ツールのゴールを夜のニュースの直前に放映することを夢想さえした。

だが、一九九〇年代のドーピング事件で視聴率が落ちこんだせいで、一日平均五〇〇万人だった国内視聴者は三五〇〇万人に減っている。

テレビ放映の重要性は、数字を見ればよくわかる。二〇一二年のツールは一八〇か国で、総計三千二百時間にわたって放映された。全世界に中継するために、フランス・テレヴィジオンはスタッフ三〇〇人、撮影クルーや音響クルーのオートバイ七台、ヘリコプター四機、中継用の飛行機二機を投入している。テレビの影響力の増大は、ツール幹部の人選にまで反映されるようになった。ディレクターは百年以上ずっと、一九八八年前後の一時期を除き、活字メディアのジャーナリストがつとめていた。アンリ・デグランジュ、ジャック・ゴデ、ジャン＝マリ・ルブランだ。それが二〇〇六年に変化する。テレビ出身のジャーナリスト、クリスティアン・プリュドムが、ルブランの後継者となったのだ。

一九五〇年——海水浴で一服

日光が鍋の蓋のようにのしかかる。アスファルトはどろどろだ。フランスがぐったりとへばりきった日が何日も続いた。そんな一九五〇年の炎天の一日、息を吸うたびに肺がたちまち焼けてくる。まだ脱落していない六二人の行く手には、ツールどころか天火《フール》のごとく、進むべき路面が広がっていた。七月二十九日、スタート地のトゥーロンには、日射しから首筋を守ろうとして、キャベツの葉っぱをキャップの下に入れた選手の姿もあった。盾としてはあまりにもやわだった。

マントンをめざすステージはじきに拷問に変わった。コースは地中海をなめるように続く。潮の香りと水が手招きをする。七四キロ地点、サン・トロペ湾の岸辺にさしかかった。プロトンのほぼ全員が足をつき、バイクを浜辺に放りだし、水のなかに飛びこんだ。自転車を手放す時間も惜しんで、そのまま地中海に突っこんだやつもいる。しかも名前はアンドレ・ブリュレ〔クレーム・ブリュレの「ブリュレ」と同じで、「焼けた」「焦げた」の意味〕ときた。一時《ひととき》の休憩タイム、選手たちはつかのまのバカンス気分を味わって、それからまた走りだした〔第一五ステージ〕。ジャック・ゴデの面目は丸つぶれ、「こんなカーニバルのだしもの」をやられた日には、ツールのイメージが台なしじゃないか。あきれた所業だ、絶対二度と許してはならん。その後、地中海沿岸がふたたびコースに組み入れられたのは、何年も経ってからのことだった。

カネになる事業

ツール・ド・フランスが新聞を売るために始まったなんて、今では嘘みたいな話だ。ツールはやがて、おおいにカネになる事業に変わった。きわめつけといえるほどだ。ツールがキャッシュ・マシーンになるなんて、先人たちには想像もできなかっただろう。何十年もずっと、赤字が続いていたのだから。

当初は予算がたいへん厳しかった。創設者のアンリ・デグランジュは少しでも収入を増やそうと必死になり、エントリー料を払わせたほどだ。宿泊費や食費の負担なんて論外だったから、初期のツールでは野宿したり、費用捻出のために街頭募金に立つ選手がざらにいた。一九三〇年代に広告収入が急増すると、流れこんできたカネはもっぱら、選手の費用を負担したり、ツールの格上げにつながる賞金アップを実施するのに使った。と同時に、費用負担を抑え、放漫財政にならないようにするために、出場枠を意図的に減らした。一九三四年のツールは、わずか六〇人という規模だった。

赤字構造は第二次世界大戦後、ツールのオーナーが替わっても続いた。一九四七年、政府は『ロト』の後継紙『レキップ』に五〇パーセントの持ち分を認めつつ、残りの半分をエミリアン・アモリの日刊紙『パリジャン・リベレ〔現パリジャン〕』にゆだね、ツールの損失を共同で負担させた。この合弁体制は一九六五年、アモリ・グループが『レキップ』を買収し、一〇〇パーセントのオーナーになったことで終わる。

ツールが最初に黒字を出したのは、一九七〇年代も末のころだ。大きな要因は、テレビが家庭に大きく普及したことだ。テレビ局は放映権を求めて争い、スポンサーはジャージやポディウムにどしどし広告を入れた。市町村の招致合戦はそれ以上に激しかった。ツール・ド・フランスの収入はうなぎ登りで、視聴者はしだいに世界規模に拡大した。ツールの方式は現在、かつてないほどうまくいっている。

その成功には長いこと、表に出てこない部分があった。エミリアンの子孫でかためたアモリ・グループは、決算をずっと公表しようとしなかった。ツール・ド・フランスに加え、自動車ラリーのル・ダカール〔通称パリ・ダカ〕やパリ・マラソン、多数の自転車レースを主催する系列会社、アモリ・スポール・オルガニザシオン（ASO）がナンテール商業裁判所に財務諸表を提出するようになったのは、ここ数年のことにすぎない。それによると、二〇一一年には売上高が一億五七〇〇万ユーロに対して、純益が三二五〇万ユーロにもなる。イベント事業というより高級ブランド事業に見られるような、べらぼうな収益率だ。これをたった二六〇人の社員が、おもにツールで稼ぎだしている。ちまたの新聞の社主にとっては夢のような話だろう。

一九五〇年――イタリア選手がこぞってボイコット

満面の笑顔を浮かべて当然だった。なのに、目つきは厳しく、顔は険しかった。花束を手にしていなければ、三十六歳のジーノ・バルタリは、サン・ゴダンスでステージ優勝をとげた男には見えなかった。この一九五〇年七月二十五日は、確かにたいへんな一日だった。オビスク、トゥルマレ、アスパンの峠を越えるコースだ。だが、一九三八年と四八年のツール二勝に輝く彼の胸中は、まったく別のことで占められていた。言いしれぬ恐怖と、傷つけられたプライドだ。観衆がイタリア選手たちに「マカロニどもめ」と罵詈雑言《ばりぞうごん》を浴びせたのは、見下げはてた行為でしかない。でも、アスパン越えの終盤で起きた出来事のほうは言語道断だった。バルタリが転倒したのは、フランス人のジャン・ロビックとほぼ同時のタイミングだった。沿道には、ちょっとばかりきこしめした群衆がいた。「かっとなった連中は、ぼくがロビックを転ばせたと思いこんだ。なぐりかかってきて、自転車を取りあげてやるとすごまれた。」バルタリはその場で棄権を決める〔第一一ステージ〕。

決意はかたかった。イル・ヴェッキオ（ご老体）は、これみよがしに次々とタバコをくゆらせた。朝の三時までチームの幹部たちとの会議が続いた。憲兵を護衛につけるし、国内メディアで取りあげてもらうからと、ツール・ディレクターのゴデが約束した。それでもバルタリの決意はひるがえらない。いざ棄権する際には、自分に忠義だてするイタリア選手一同を引き連れていった。その筆頭が、前日のステージでマイヨ・ジョーヌを勝ちとったフィオレンツォ・マーニだ。ジロ・デ・イタリアを制覇していて、今回のツールでも総合優勝をねらえる位置にあった。「ぼくがメンバー入りしたのは、バルタリを助けるためで、ツールで勝ちぬくためじゃない。バルタリが全然まだ負けてもいないで棄権するっていうんなら、ぼくが残るわけにいかない。」リーダージャージをトランクに入れながら、マーニは説明した。「もし残ったら、こう言われるのさ。王者の座を横どりしたやつだってね。」

バルタリが棄権を考えたのは、マーニを負かすのは無理だとさとったからで、その屈辱に耐えられなかったからだと解説した者もいる。要は逃げたのかもしれないが、いずれにせよ、この一件は外交問題に発展した。パリはフランス国民の名においてローマに謝罪を表明している。トゥーロンをスタート地とする数日後のコースは、イタリアの観衆の報復を避けるために変更され、ゴールが〔イタリア側の〕サンレモから〔フランス側の〕マントンに替わった。そして急いで国境が閉鎖された。

一九五〇年——語りぐさの千鳥足

温度計は四〇度のあたりをうろちょろしていた。選手たちは暑さでへとへとだった。もし地獄があるとすれば、それはペルピニャン～ニームを進んでいたにちがいない。ふくらはぎを黒こげにする太陽が、二一五キロにわたって照りつける。一九五〇年七月二十七日、第一三ステージの先頭に立つのは、「北アフリカ」チームのマルセル・モリネスとアブデル゠カーデル・ザーフだ。無害な彼らが飛びだすのをメイン集団は容認した。二人の「土人」[1]が十五分かそこら先に行ったところで、フェルディナント・キューブラー、スタン・オケルス、ルイゾン・ボベの優位はゆるがない。この灼熱のステージは、「アルジェリアの兄弟同士」で争ってくれてかまわない。だが、ベジエの付近で暑さが二人を引き裂いた。へばったのはザーフのほうだ。

（1）もちろん差別用語だが、ここではわざと用いられている。アルジェリアがフランスから独立するのは一九六二年のことである〔訳注〕。

ゴールまであと三〇キロのところで蛇行を始め、道端のブドウ畑に倒れこんだ。熱中症のチクショウめ。ふたたび自転車に乗って進もうとするが、逆方向にふらふら行って、またしても倒れこんだ。どうしても起き上がれない。心やさしい人たちの助けで、青年はプラタナスにもたれかかった。三十三歳のザーフは、暑さでくたくたになり、酸素を求めてあえいだ。

ツールはじきに騒然となった。ザーフがぐでんぐでんだとよ。からだからも、汗からも、安酒がぷんぷんするんだってさ。酔っぱらってるだなんて、そんなバカな、あいつはマジメなイスラム教徒だぜ。ブドウ農家の人たちが、気つけに安ワインを振りかけたって話だ。いや、地元のワイン宣伝部がコース沿いにスタンドを構えていて、悪乗りした連中が「ブドウ汁」たっぷりの水筒を選手たちに差しだしたらしいぞ。いや、やつはいつもバッカスを連れて走っているんだよ。もしかすると、アンフェタミンでつぶれただけのことかもしれない。ジャーナリストが尾ひれをつけて、この話をがんがん書きたて、「ザーフご酩酊」の伝説ができあがった。

モリネスはすぐにさとった。だれも自分のステージ優勝を記憶にとどめはしないだろう。みなが思いだすのは、チームメイトの泥酔のことだけだ。

ザーフは翌年、三度目のツールでランテルヌ・ルージュ[1]となり、ツール史上に決定的に名を残す。クリテリウム〔市街地などの同一コースを周回する形式の自転車レース〕の誘いが次々に舞いこみ、酩酊の一件をくりかえし語らされた。彼が出てくれれば、レースにエキゾチックな味つけができるからだ。ザーフは自転車競技界のちょっとしたスターになった。広告ポスターのモデルもつとめ、サン・ラファエル[2]のグラスを手に、にっこりと笑ってみせた。

(1) 完走者のうち規定タイム内で最後にゴールした者のこと。「二〇〇八年——ランテルヌ・ルージュの三連覇」の項を参照〔訳注〕。

（2）食前酒として飲まれるリキュールのブランド名。「一九六二年――トレード・チーム制が復活」の項を参照〔訳注〕。

一九五一年――銀輪の伊達男

てかてかの髪をした二人の大男が、その日その場にいあわせた。一人目はアメリカ人、ボクシングの世界チャンプだ。黒い背広のシュガー＝レイ・ロビンソンは最高にイカしていた。ブリーヴ・ラ・ガイヤルドのマルセル・セルダン〔仏領アルジェリア出身のボクサー、一九四九年に事故死〕広場の除幕式にやってきて、ついでにツール・ド・フランス第一一ステージのスタートに花をそえたのだ。二人目はスイス人、四時間三十二分四十一秒後に、ツールの伝説に刻まれる男だ。ロビンソンもそうだが、二十六歳のフーゴ・コーブレットも、見たところはバカンス客みたいだった。美男子で肌はこんがり、おしゃれでくつろいでいて、髪型もぴしっとキメていた。一九五一年七月十五日、ブリーヴ～アジャンの一七七キロは、彼にかかればフィットネスのコースでしかなかった。

三七キロ地点から逃げを打ったのが正解だった。北仏出身の弱小選手、ルイ・ドプレだけが追随したが、一〇キロほどで力尽きた。「ついてこいよ」とコーブレットは叫んだ。無理な相談だ。このスイス人は飛行機のごとく飛び去っていった。後ろに不穏な気配がある。いきりたったメイン集団がコーブレットに追いつこうと一丸になっていた。ファウスト・コッピ、ジャン・ロビック、ジーノ・バルタリ、フィオレンツォ・マーニ、ルイゾン・ボベ、ラファエル・ジェミニアーニ、スタン・オケルスが、先頭を交代しながら七〇キロにわたって追撃をかけた。時すでに遅し。コーブレットは四分以上も先にいた。そして文字どおり、時代の先を行っていた。彼の現代的なファッションは、ほかの選手とまるで違っていた。手袋をはめ、手首にはクロノメーター、ゴーグルはスキー用だ。

残り数キロのところで、このチューリヒ男はなにかおっぱじめた。あろうことか、身だしなみをととのえるために停車したのだ。濡れたスポンジをポケットから取りだして、埃だらけの顔を洗い、乱れた髪をていねいに直した。話はそこで終わらない。ステージ優勝を決めると、ライン近くに座りこんで、クロノメーターのスイッチを入れ、ぼろぼろの後続集団を待ちかまえた。数日前に、タイムトライアルのゴールのアンジェで判定ミスをされ、危うく一分の損をするところだったからだ。用心にこしたことはない。

「中盤までは全力ってわけじゃ全然ない。気合いを入れたのは最後だけだ。」いったいどうして、そんなに楽々と漕げたのか。「尻」の事情からだ。イボ痔が痛んで、前夜に医者から切開しようと言われた。冗談じゃない。棄権するはめになる。症状を楽にするために、アスピリンが処方された。塗り薬もだ。その主成分がコカインで、痛みを感じない状態になっていた。

このときに一三五キロを単独で逃げきり、追撃側の総合上位勢とのタイム差を縮めたコーブレットは、一九五一年のツール優勝を勝ちとった。彼の華々しい言行録が、翌日の新聞各紙で書きたてられた。最高に美しいニックネームは、寄席の芸人ジャック・グレロが考えついた。その名も「銀輪の伊達男《ペダルール・ド・シャルム》」だ。

一九五二年――屋根の上のアコーディオン弾き

めちゃくちゃ小柄で一五八センチもないくせに、みんなの目が吸いよせられる。ツールの花形選手のひとり、ルイゾン・ボベに匹敵するような人気者だ。彼女に触ろうと、できればハグのひとつもしようと、いつも人だかりが絶えない。

イヴェット・オルネールが愛用のアコーディオンをひっさげて、ツールに乗りこんだのは一九五二年のことだ。ある食前酒ブランドの求めで、キャラバン隊の一員となったからだ。来る日も来る日も朝から晩まで、道中ずっと笑顔を崩さず、あの頭にこびりつく音楽を鳴らしつづける。ゴールで勝者を抱きしめて、夜はその町でリサイタル、ときには午前一時を回ることもある。イヴェットは今では失われてしまったフランスそのものだ。ふるさとがあり、素朴な田舎があって、土曜の夜にはダンスホールで踊ったフランスだ。

のちにプリドールが「ププ」になったように、じきに「ヴェヴェット」と呼ばれはじめた。一九五二年のツールでは、屋根を開けたフォード車の後部座席に立ち、七時間にわたり、こともなげに演奏を続けた。登り下りでバランスをとるための苦労も、開口部のへりに押しつけたからだの痛みも、たまらなくひどい背中のしびれも、顔に出さないよう心がけた。まっすぐ立てるようになるまでに、二か月の休養が必要だった。

以後、仕様は少しだけ改善された。メキシコのソンブレロに極彩色のワンピースで、車の屋根の上で立ったり座ったりになった。そうはいっても、うだるような暑さやどしゃ降りの雨のなか、七時間におよぶ演奏の道中は、難儀としか言いようがない。そこで一九五七年、スポンサーはイヴェット似の人形を作らせることにした。本物のかわりににせものを据え、ときどき一息ついてもらう。この替え玉が登場すると、すぐに見ぬいた観衆は、不届きな蠟人形に石を投げた。フランス国民のかわいいフィアンセに手を出すな。ラブストーリーは十一年続いた。今でもツールの沿道には、「マダム・フランス」を空しく捜す人びとがいたりする。

ラルプ・デュエーズ峠

山腹まで走っていって左に曲がるとすぐ、目の前に威圧的にそそり立つ。くらくらするほど激しい坂だ。挑みかかろうとする者を入り口で追い返そうとでもいうようだ。イゼール県ラルプ・デュエーズ峠に向かう一四・五キロの登りの手前に立つ。ほとんどの選手は、ここをレーサーパンツの髄まで知りぬいているが、それでも最初の数百メートルでからだが震えてくるのを抑えられない。ここの登りはツールの頂点、ことによると最高の頂点なのだ。

とはいえ、「ラルプ」とツールの関係はそう古くはない。最初は一九五二年に、初の山頂ゴールとして導入されて、ダンテばりの壮大な闘争をロビックとコッピが繰りひろげた。定番となったのは、二度目に組みこまれた一九七六年からだ。第一に、坂道の厳しさがある。二一ものカーブが続き、場所によっては勾配が一四パーセントにもなる。スペクタクルとして強烈だ。それが四十分にわたってテレビに映しだされる。勇猛な一騎打ちが展開されることも、定番となる条件だ。一九八四年のベルナール・イノーとローラン・フィニョン。一九八六年のベルナール・イノーとグレッグ・レモン。こうして観衆を沸かせるラルプの登りは、ほとんど恒例のコースとなり、二〇一三年のツールで二八回目〔と二九回目〕を迎える。

声援を飛ばす人だかりが、ラルプ・デュエーズ峠にはつきものだ。観衆でごった返すカーブには、ドーピングの発覚で後日失格になったランス・アームストロングの二回を除き、先頭で登頂した選手たちの名前が刻まれている。選手を喝采で迎える沿道の人垣は、名もない数十万の人びとからなる。ときには一週間前から場所とりのために、テントやキャンピングカーで泊まりこんでいた。とりわけオランダ人が多いが、世界中からやってくる。雑多で国際色豊かな集団だ。「ラルプ」を一目この目で見ること、それが彼らの目的だ。

一九五三年——鉛じこみのボトル

ちょっとしたズルだ。イカサマかといえば、要はそうだ。ルールの裏をかいたともいえるが、それで勝てるならやらない道理はない。下りで一秒でも稼ぐために、ジャン・ロビックと監督のレオン・ル＝カルヴェは一計を案じた。

一九四七年の覇者ロビックは、愛用の革製カスクと同じぐらい野暮ったいくせに、登りにはめっぽう強い。ただし、激しいアップダウンのコースでは、二つのことが足をひっぱった。まず身長だ。サドル三つ分の高さの一六一センチしかない。それに体重も、アルミ製ボトルなみに軽い。そうだ、ボトルだ、ちょうどいい。ロビックとル＝カルヴェは自転車のボトルに詰めることにした。鉛をだ。車体に重みをつけ、下りの速度を増す。名案じゃないか。一九五三年の第一一ステージ、コトレ～リュションの一一五キロ。手はずはこうだ。トゥルマレ峠の頂上に着いた「ビケ」は、メカにトラブルが起きたふりをする。メカニシャンが助けに入り、くだんのボトルをこっそり取りつける。監督にはりついている審判に気づかれてはいけない。規定外の補給だと思われてしまうからだ。トゥルマレ峠の頂上に着いたとき、「革アタマ」は計画をやりそこねた。しかし、そこは海千山千の監督のこと、うまくこっそり重しを取りつけた。六キロから一〇キロ増しの重量を得たロビックは、勢いよく坂を駆けおりた。ところが重さのせいでバランスが崩れ、落車してしまう。一度ならず二度もだ。ともあれステージ優勝を果たし、ついでにマイヨ・ジョーヌも獲得した。が、第一四ステージでのリタイアに終わっている。

それからまもなく、自転車に重しをつけることを禁ずる新たなルールが設定された。

一九五四年——子供のころの夢がかなった

ひとりの子供がツールの一隊にまぎれこんだ。三十二歳の子供だ。レースのただなかに身をおくやいなや、自転車の車輪のように目をまん丸くした。すでに一九四九年の『ヨーロッパをふらふら』で小説家として名をなしていながら、大好きなチャンピオンたちを前にすると、初聖体を受ける子供みたいに神妙になった。一九五四年のツール・ド・フランスに際して、作家のアントワーヌ・ブロンダンが『レキップ』から依頼を受けた。南西部の四つのステージを取材して、時評を書いてほしいという。「劣等生の夢がようやくかなうという気がしていた。クラスでいやらしいコンクールがあって、成績上位の連中が、ステージ一つだったか二つだったか、『ロードの巨人たち』についていく特権を得た時分の夢だ。」最初に書いた「松とゲームのこと」の一節だ。オフィシャルカーに乗りこんだブロンダンは、選手たちが走りぬけるのを沿道から何度となく見守った。そんな日々に足りないものはひとつだけだった。「いや、ほんとにねえ、そこを通る自分を見られなかったことだけが心残りだ。」

『冬の猿』の作家は、さらに別の年も、つづけて別の年もという具合に、長らく全ステージを追いかけるようになる。一九五四年から八二年まで、五八年だけを除いてツールがよいを続け、全部で五二四本の時評を書いた。自転車への、チャンピオンへの、アシストへの、フランスの片田舎とそこの宿屋への、尽きせぬ愛情をほとばしらせた。すてきに凝った文章で、言葉遊びとひらめきに満ちている。たとえば「チャリ権〔「拒否権」を意味する「ドロワ・ド・ヴェト」をもじった「ドロワ・ド・ヴェロ」〕の行使」に出たかと思えば、メルクスを「黄色をまとった毛沢東」ともちあげ、「クライマーという匠の技」をヴィクトール・ユゴー的な文体でほめたたえる。「七月十四日のうるわしきダンスパーティ」を賛美する一方で、プリドールのファンを「ヴォックス・ポプリドール〔「民の声」を意味するラテン語「ヴォックス・ポプリ」のもじり〕」とこき下ろす。

ブロンダンは、関係者のあいだで語り継がれる[1]ドタバタ喜劇もたくさんやらかした。彼が「ヴェール・ド・コンタクト」と呼んで愛したアルコールがらみの話も多い。三晩連続で夕食にトリの肉が出てきたときには、「パリまで追っかけてくるか見てやろう」とのたまって、ホロホロチョウにゼッケンをつけようとした。白い原稿用紙に頭をかかえながら、インク壺の黒い液体を飲んで、こう言ったという話もある。「これで小便すれば一丁あがりさ。」

（1）「ヴェール・ド・コンタクト」はふつうは「コンタクト・レンズ」だが、語義レベルで「お近づきのグラス」と言えないこともない〔訳注〕。

ルイゾン・ボベ（一九二五〜八三年）

チャンピオンをつくりあげるには、ときには時間がかかる。辛抱づよく、じっくりと、地道にやらないといけない。それはちょうど、ブルターニュ地方イ・レ・ヴィレーヌ県サン・メ・ル・グランにあったボベ家のかまどから出てきたパンのようだ。パン屋の長男は、父親と同じルイという名前をつけられたが、区別のためにルイゾンと呼ばれるようになった。小学校の卒業祝いにステラ〔彼が最初に所属したチームのスポンサーでもある自転車ブランドの名〕の自転車を買ってもらうと、さっそく才能を発揮した。とはいえ、のちの圧倒的な強さの片鱗が最初からあったわけではない。素晴らしい選手ではあったけれど、コッピほどのクライマーではなく、アンクティルのような見事な走りでもない、メルクスやイノーのように万能だったわけでもない。その彼が、一九五三年、五四年、五五年にツール史上初の三連覇を成しとげた。最初の総合優勝は二十八歳、六度目の参加だった。ほかの選手なら引退を考えはじめるころだ。

プライドの高いルイゾン・ボベを突き動かしていたのは、抜群の度胸だった。だれにも負けない闘魂と、完璧を求めてやまない求道精神だった。最初の二回の勝利を決したのが、恐るべき難所のイゾアール峠だったのも、このうえなく彼らしい。この峠でボベは、くりかえし傷口が開き、じんじんと痛みつづけるのをこらえなければならなかった。サドルのせいで自転車選手にとって最悪の場所、会陰部が硬結していたからだ。一九五三年の初勝利のときは、フランス・チームの仲間にサポートしてもらうために、賞金を全額やると約束するのもいとわなかった。

見た目も個性的だった。ハリウッドの男優みたいで、笑顔はさわやか、まれにみる繊細な顔だちだ。人好きのするタイプで、すぐに国民的な英雄になった。自転車選手としては異例の人気ぶりだった。飛行機を買って自分で操縦桿を握ったりして、フランス人に夢をみせてくれた。

一九六一年、突然の自動車事故で選手生命を絶たれるが、勝利を求めてやまない姿勢はその後の人生でも健在だった。実業家に転身し、タラソテラピーを手がけて大成功した。プライドの高さは終生にわたって変わらなかった。最後のツールとなった一九五九年もそうだった。リタイアは谷間でするのがまあ相場だ。疲れはて、最盛期を過ぎていたボベが、リタイアの場所に選んだのは、標高二五〇〇メートルを超えるイズラン峠の山頂だった。

一九五四年——ありあわせのマイヨ・ジョーヌ

夜が明けたら夢のように、たちまち消え失せてしまうのではないかと心配で、いっしょに眠る選手もいるほどだ。それがルイゾン・ボベの場合は、時間と慣れとともに、マイヨ・ジョーヌのありがたみが薄れていた。一度目の総合優勝から一年を経た一九五四年七月十二日、サン・ブリューにゴールしたあとのことだ。訪ねてきた妹のマドレーヌに、自分のかっこいいリーダージャージをくれてしまう。翌朝のスタート時になってから、予備が一枚もないことに気がついた。主催者から新しいリーダージャージが支給されるのは、この年は二日に一度だけだったのだ。黄色をまとった選手がいないまま、スタート時刻が迫ってくる。そのとき、サン・ブリューに住んでいたマッサージャー(1)が自宅にダッシュし、昨年ボベが着用後にくれた一枚を取ってきた。ただ、洗濯で縮んでいた。ひらめきに満ちたマッサージャーは、ボクシング選手を探しだし、こいつに着せて伸ばしてボベに渡した。とはいえ、色落ちして古びた印象はどうしようもない。その日のそれは、妄想をかき立て、炎のように輝き、プロトンを明るく照らすマイヨ・ジョーヌとは似ても似つかなかった〔第六ステージ〕。

(1) チームのなかでマッサージのほか、選手の補給食やユニフォームなどの世話を担当する。仏語ではソワニュール〔訳注〕。

一九五四年——アムステルダムで初の国外開幕

これでようやく、まだ生々しい傷口が少しは閉じてくれるかもしれない。一九五四年七月、オランダはまだ悲歎の底にあった。一年近く前に発生した高潮で、南西部の堤防が決壊し、数千人が亡くなり、数万人が家を失っている。打ち沈んだオランダ人にとって、ツール・ド・フランスの開催は誇らしい出来事だった。

フランス国外にコースが入りこんだことは、一九〇六年をはじめ何度もあった。ステージ地が設けられたこともある。でも、フランス以外が開幕地となるのは初めてで、その晴れの舞台にオランダが選ばれたのだ。かくしてアムステルダムの運河のほとり、どこまでも続く観衆の波の前で、一九五四年の大会は七月七日に始まった。夜明けまでバーを営業してよいという許可さえ出た。オランダ史上、前代未聞のことだった。

残念ながら、国外での開幕が崇高な理由から決まったわけではない。要は巨額のカネが絡んでいた。第一に、アムステルダム市が主催者あての小切手を切ったらしい。加えて、数か国にまたがる西ヨーロッパ一周レースなる自転車レースの計画が浮上していて、ツールはそれを警戒していた。ジャック・ゴデはツールのルートを国際化することで、このライバル企画を芽のうちにつぶそうとしたのだ。見事な策だった。元『ロト』紙の記者で、対独協力者として知られるジャン・ルリオの企画はつぶされた。一九五四年に始まった西ヨーロッパ一周レースは、三回目の五六年で消滅することになる。

この一九五四年以降、ツールの開幕地はベルギー、ドイツ、ルクセンブルク、イギリス、アイルランド、スペイン、スイスと、三〜四年に一度のペースでフランス国外に設定され、新たな観衆を開拓する絶好の手段となっている。

ステージ地の選定

ツール・ド・フランスのルートを描くには、錬金術師の手際が必要だ。選手にとってハードでないといけないが、非道なほどであってはならない。そしてなにより、主催者独自の条件がある。距離は現在、全長四〇〇〇キロが上限だ。フィナーレはパリ。二二五キロを超えるステージは二つまで。レース日が二十一日、休息日が二日。これらをもとに、コースが決められていく。ねらいはつねに同じだ。緊張感はなるべく後ろまでひっぱる。見ごたえがあって、どんな脚質の選手にも見せ場を提供するものにする。美しい自然や建物のある地区をできるだけ盛りこんで、魅力的な絵をつくり、「フランス」という商品をうまく国外に売りこむ。さらに絶対に外せない地域がある。ピレネーやアルプスを通らないルートなんてありえない。歴史的な自転車王国ブルターニュも、三年に一度は入れないといけない。

実務的には、まず最初に「グラン・デパール」と呼ばれる第一ステージのスタート地を決める。これが本番の一年半から二年前だ。そこを起点に少しずつルートを引き、現場の下見を繰りかえして補強していく。ルートが公式に発表されるのは、レースの八か月あまり前の十月のことだ。

ステージ地の決定は、選択肢が多すぎて困るほどだ。毎年二〇〇以上の市町村が名乗りをあげるが、選ばれるのは三五ほどにすぎない。それでも東京やドーハのような大都市までもが、ツールの開幕地となることを夢みている。スイスの町ヴェルビエは二十二年連続で立候補して、二〇〇九年にゴール地に選ばれた。市町村の規模はまったく関係がない。ボネット峠のふもとという好位置にあり、二〇〇八年にゴール地となったアルプ・ド・オート・プロヴァンス県ジョジエは、人口わずか一〇〇〇人の村だ。ただし規模がどうであれ、課せられる義務は変わらない。ゴール地ならおよそ九万ユーロ、スタート地なら六万ユーロの開催料をツールの主催者に払いこむ。それに加えて関連費用もかかる。

道路を補修しないといけないし、大がかりなキャラバン隊や主催者その他、総計二〇〇〇台の車両を迎え入れるための整備も必要だ。事後には清掃作業が発生する。でも、ほとんどの市町村は、投資に見あう効果を引きだしている。支出一ユーロあたりの経済効果は四〜五ユーロ、場合によってはそれ以上と推定される。二〇〇七年のグラン・デパールの舞台となったロンドン市は、支出の一〇倍以上の投資効果を得たという。

一九五四年——山頂のアイス

彼が腰を揺らせば後続は引き離され、加速に入れば一巻の終わり。先史時代からあるような山頂の石塊も、彼が通れば震えだす。自転車に乗って、走るかわりにダンシングする男。

二十六歳になったばかりのスペイン人は、山の申し子だ。どんな級数〔自転車レースのルートに組みこまれる山岳は、難度に応じていくつかの級（カテゴリー）に分類される〕でも、どんな難所でも、軽々と登っていく。峠の調教師、フェデリコ＝マルティン・バーモンテス。空前絶後の天性と言っていい。ジャック・アンクティルの不倶戴天のライバルのひとりが、この「フェデ」だった。

「トレドの鷹」には総合順位はどうでもよかった。ジャージの黄色よりも山頂の白のほうが好きで、当時「山岳グランプリ」と呼ばれていた最優秀クライマー賞をねらい打ちした。一九五四年から六五年まで、一〇回のツール参加で六回もかっさらっている。一九五九年はついでに総合優勝も獲得した。スペイン人では（のちに続々と誕生するが）初めてだった。この生来のクライマーが先頭で登頂した回数は四二回におよぶ。

最初のひとつは味わい深い瞬間だった。一九五四年に初めて、バーモンテスはツールを見いだした（あるいは逆かもしれない）。守り方を知らなかったから、アタックに出た。自転車の上でメトロノームのように振れ、アルプスでペースを上げる。七月二十六日、第一七ステージ、リヨン〜グルノーブルの一九二キロだ。このときにツール初登場となるのが、イゼール県にある標高一〇七四メートルのロメイエール峠だ。「トレドの鷹」はメイン集団に一分以上の差をつけて「順当に」先頭で登りきった。そして、停まった。

彼は登りはいけるが下りはダメだという説がある。以前に激しく落車したことがあって、恐かったのかもしれない。坂道というのは剣呑なものだ。あるいは、メカになにかトラブルが起きて、はるか後方にいたサポートを待つしかなかったのかもしれない。バーモンテスはリラックスした様子だった。そして平然と、バニラアイスを買って味わった。後続集団がやってくると、また走りだした。初陣のツールは総合二五位という結果だった。

ヴァントゥ山

どこの宇宙かと思うような坂を登りきって、山頂に着けば、こんな感慨が脳裡をかすめる。「月面を走ってきた。」ヴァントゥ山はどこか魔的で、現実離れしている。埃だらけの標高一九〇九メートル、ここには草原の影もない。照りつける日射しに漂白され、凍てつく雨に洗われた石塊の荒野があるだけだ。雲を絡めとる「ハゲ山」は、ときに時速三二〇キロを超えるような風が吹きつける。一九六七年もそうだった。よその星のような壮麗な舞台の上で、選手たちがめざすのはただひとつ、あの測候所へたどり着くことだ。上に巨大なアンテナがついた塔のような建物が、過酷なヴァントゥ山にいたぶられる彼らの灯台となる。

ヴォクリューズ山地の中心をなす「プロヴァンスの巨人」は見るからに恐ろしい。だだっ広い急坂だ。二つの主斜面では、八パーセントに迫る勾配が、二〇キロにわたって続いていく。一九五一年から一四回、ツールのルートに組みこまれ、勝敗のカギを握ってきた。たとえば一九五五年がそうだ。マルセーユ～アヴィニヨン、一九八キロ。この第一一ステージをずたぼろになりながら制したルイゾン・ボベが、総合優勝を勝ちとった。ヴァントゥは小石の先まで排外的な山でもある。一四回のうち七回まで〔二〇一三年を含めると、一五回のうち七回となる〕、フランス人が先頭で登頂した。一九六五年にはレーモン・プリドールが、スペイン人フリオ・ヒメネスに六秒差で競り勝ち、二〇〇二年にはリシャール・ヴィランクが、トップ登頂をねらうアームストロングを突き放した。

この剝きだしの山は、ときには血も涙もない。一九六七年にトム・シンプソンが絶命したのがここだった。壮大な神話には陰の部分がつきまとう。

一九五六年——二流選手の快勝

この年のツールが始まったとき、ゼッケン八〇番のロジェ・ヴァルコヴィアクはまったく注目されていなかった。フランスのベスト一〇人をそろえたナショナル・チームの一員でさえない。着ていたジャージは薄紫と白、弱小「北東部・中部」地域チームの色だ。その凡庸な選手たちは、プロトンのかさ増しのためにいたようなものだ。ロジェはオーヴェルニュ地方アリエ県モンリュソンに住み着いたポーランド移民の息子で、選抜の知らせを聞いたのは開幕の直前、それから数日後にランスに向けて出発した。

というわけで、アンジェをめざす第七ステージで、長い逃げを始めた三一人の集団に彼がすべりこんできたところで、だれも気にかけはしなかった。小僧のような二十九歳のフランス人が、ここで有力選手たちに十八分の差をつけ、マイヨ・ジョーヌを奪うなんて、そんな不安はだれも感じなかった。このステージの結果を無礼千万と評した者もいる。「ずんぐりした小僧で、素朴きわまりない頬をして、太鼓腹のきざしもある。紳士録にまぎれこんだプジャード派だ。」多数の議員を当選させたポピュリスト政党になぞらえて[1]、アントワーヌ・ブロンダンは『レキップ』紙上でこう断じた。三日後、ヴァルコヴィアクが総合首位から転落すると、これで一件落着に見えた。レースの重圧に耐えかね、すすんでマイヨ・ジョーヌを手放したのかもしれないが、そんな想像をした者はいなかった。

(1) ピエール・プジャード率いるポピュリスト運動が、この年一月の国民議会(下院)選挙で一二パーセントの票を集めたことを指す〔訳注〕。

彼はピレネー越えのステージで粘り腰を見せる。さらにアルプス越えでは、だれもが驚いたことに、ルクセンブルクのシャルリ・ガウル、スペインのフェデリコ・バーモンテス、フランスのジルベール・

ボヴァンといった有力選手をコントロールしてのけた。その勢いで最後から四日目にマイヨ・ジョーヌを取り戻し、そのまま最後までキープする。

きつかったのは、むしろそのあとだった。選手たちにあれこれ批判された。ツールの勝者の器ではないとか、ステージで一勝もしていないとか、運がよかっただけだとか、もう言われ放題だった。ヴァルコヴィアクは激しく動揺し、しだいに口を閉ざしていった。そして一九六〇年に引退するまで、なんの成績も残せなかった。自転車をやめてから六年間、カフェ兼ガソリンスタンドを経営した。それから農場を買ったが、やがて若いころと同じ工場の仕事に戻らざるをえなくなった。

五十年あまり経った今でも、苦い思いはぬぐいきれない。「自分が勝っていたはずだと言う選手もたくさんいた。でも私の知るかぎり、あのツール・ド・フランスで勝ったのは私だ。彼らは嫉妬していたにすぎない。」

「叙事詩」としてとらえたロラン・バルト

一九五七年に出た小さな本。著者はそれまで無名に近かった四十二歳の知識人、ロラン・バルト。雑誌『新文学《レットル・ヌーヴェル》』で発表した時評を集めたものだ。内容は日常の小さな神話、言い換えれば、当時まだ黎明期にあった消費社会で自明視されていた慣行の解体だ。スーユ社から刊行された『神話集』により、バルトは一九六〇年代から七〇年代の思想界に躍りでて、記号学講座の教授としてコレージュ・ド・フランスに迎えられるまでになる。この本で分析されているテーマはたとえばプロレス、シトロエンDS、ストリップ、それに、ツール・ド・フランスへのむちゃくちゃな熱狂だ。

バルトの見るところ、ツールは古代の物語にひけをとらない「叙事詩」である。まず、登場人物がそうだ。選手たちの「名前は、太古の民族時代を思わせるようなものが大部分を占める」。この駿馬たちは異名によって「叙事詩の世界の一員」となる。「自転車選手の愛称のうちには、へつらいと賛美と特権意識のないまぜが認められる。それは、自分たちの神々を盗み見る民の創世なのである。」独特の舞台装置もまた叙事詩的だ。峠があり、難所があり、「ホメロス的な地理」がある。「かつてオデュッセウスは何度も地の門までたどり着いた。ツールもまた、人間世界とは思えない地点をいくつもかすめる。ヴァントゥはもはや地球ではなく、どこか未知の星々と隣り合わせのように描かれる。」そうした要素の数々から、ツールは「まるごとの神話」となり、「魅惑の国民的事件」となっている、というのがバルトの分析である。[1]

(1)「叙事詩としてのツール・ド・フランス」の全文は『ロラン・バルト著作集三――現代社会の神話』(下澤和義訳、みすず書房、二〇〇五年)で読める。ただし引用部は文脈に合わせて本書の訳者が意訳した〔訳注〕。

ニックネーム

詩あり、呪文あり、叙情あり。耳にふわふわ、舌をころころ、ツールにかけられる魔法の言葉。ツールのツの字が始まったときから、ニックネームの花が沿道に咲き、場外にまでついてきた。名選手だろうと、無名選手だろうと関係ない。一九〇三年の第一回目にはもう、ジャン・ダルガシは「グリゾル村の鍛冶屋」、フランソワ・モナションは「かかと漕ぎ」だった。総合優勝を果たしたモーリス・ガランは「煙突掃除くん」、「白いブルドッグ」、「イノシシ」などと呼ばれた。ニックネームが量産されるのはなぜか。ジャーナリストのセルジュ・ラジェによれば、「ひとことで人物を言い表わせるからだ。職業、見た目、性格、身なりのポイント」。モーリス・ガランの場合、最初の仕事が煙突掃除で、走りは力強いくせにガツガツしていた。

　ニックネームを考えだすのは、地域の人びと、報道陣、それにツールの合唱隊となるアナウンサーだ。動物になぞらえたものが多い。身体的な特徴、職業、無意識のくせ、出身地や、欠点にひっかけたものもある。選手自身もそうしたニックネームを使ったり、さらには自分で考えたりする。ツールの伝説のひとりとなり、後世まで名前が残ることを期待して。

　ツールと同じようにチャンピオンたちも、出来・不出来にかかわらず愛されている。ニックネームは、沿道の人びととアスファルトの勇者をつなげてくれる。選手が遠くのヒーローでなく、親しく呼べる相手になる。なれなれしすぎるかもしれないけれど、かれこれ一世紀以上むかしから、ツールはそういう言葉づかいをしてきた。ツールの広報責任者を長くつとめた文人、クロード・シュードルも言っていた。「ニックネームのない選手は影のない人間と同じだ。」

　具体例をあげていこう。

——「ティ・ブラン」がトマ・ヴォクレール、

——「ツールミネーター」がペテル・サガン、

――「白いケニア人」がクリストファー・フルーム、

――「スフィンクス」、「太陽王」がミゲル・インドゥライン、

――「海賊」がマルコ・パンターニ、

――「ビロードのシャパト」がロベール・シャパト、

――「命知らず」がオーギュスト・マレ、

――「カンピオニッシモ」、「サギ」、「アホウドリ」、「ひょろ長」がファウスト・コッピ、

――「山岳の天使」、「おしっこ坊や」がシャルリ・ガウル、

――「壮麗王アサン」、「海賊王アサン」がロジェ・アサンフォルデール、

――「革アタマ」、「ラドナック村のシジュウカラ」、「命知らず」、「ビケ」、「オンドリ」がジャン・ロビック、

――「大当たり役者」がアブデル=カーデル・ザーフ、

――「空飛ぶ建具屋」がアレクサンドル・フロー、

――「時計男」がギュスターヴ・ガリグー、

――「エル・ピストレロ」、「コンタドルミール・ドブー」(1)がアルベルト・コンタドール、

――「ジャック大将」がジャック・アンクティル、

――「人食い」がエディ・メルクス。

(1)「立ったまま眠る」から転じて「あくびが出そうなほど嘘っぽい」を意味する「à dormir debout」という表現と名前との語呂合わせ〔訳注〕。

ルイゾン・ボベの場合は、ひとつではすまなかったようだ。「サン・メのパン屋」は、チームメイトのラファエル・ジェミニアーニからは「ゾンゾン〔擬音語で「ぶんぶん」という音〕」、「バベットちゃん」、「泣き虫ちゃん」、ライバルのジャン・ロビックからは「ルイゼット・ボンボン」と呼ばれた。

一九五八年——パルク・デ・プランスの大クラッシュ

サラブレッドが放たれた。猛り狂ったようにペダルを踏みこみ、みるみるうちにメイン集団のスプリンターたちを数メートル引き離し、今回六度目のステージ優勝めがけて全力疾走する。一九五八年七月二十日、パリのパルク・デ・プランスの観客席を埋めつくした観衆はすぐにさとった。牡ウシのからだに角ばった頭のアンドレ・ダリガードに追いつくことはだれもできない。トラックのすぐ脇、中央の芝生の上では、最高の一枚をものにするために、カメラマンたちが肘鉄を食らわせあっている。頭を低くし、脚をピストン運動させる二十九歳のフランス選手の前にはもう、ゴールに向かう直線コースがあるだけだ。そのとき、トラック脇の芝生にいた男が頭をかしげ、もっとよく見たいと言わんばかりに前方に出た。猛然と突き進んでいたダリガードと激突した。すさまじいクラッシュ、二人は脇に倒れ、担架車で運ばれていく。ダリガードはしばらくして、ふたたび観衆の前に登場し、総合優勝のシャルリ・ガウルを祝福した。額を五針縫って、血染めの包帯をミイラのようにぐるぐる巻いていた。

もうひとりの犠牲者はダリガードほど運がよくなかった。重傷を負ったコンスタン・ヴテールは、十一日後に息をひきとった。彼はだれよりもトラックを熟知していたはずだった。職業は、パルク・デ・プランスの総務部長。

一九六〇年——大統領閣下に敬礼

一九六〇年七月十六日の土曜日、最後から二つ目のステージが始まった。勝敗はすでに決していた。ここまで生き残った八一人の選手にとって、レースはもはや過去の思い出だった。彼らはしだいに、威風堂々とパリへ向かう縦列行進になっていった。その日、ブザンソン〜トロワの二二九キロには雲が垂れこめ、今にもざーっと来そうだったが、沿道は人波でいっぱいだった。

コロンベ・レ・ドゥ・ゼグリーズの出口の坂の上に、非常に背の高い老紳士がいた。黒いスーツがさまになっていて、群衆から頭ひとつ抜けていた。お忍びで来ているようだった。だれなのか、こっそり確かめたい。ジャック・ゴデはたまらなくなって、密偵を放った。

えっ、そんなまさか。村人にまぎれ、舗道の一角に、あのかたが来ているなんて。ツール・ディレクターは感激し、舞いあがったにちがいない。メガホンを取り、隊列の前に出た。そして例の人物のいるあたりでプロトンを停めた。ツール・ド・フランスは一時おあずけだ。そこで停車した選手たちは、世紀の男シャルル・ドゴールを目にしてキャップを脱いだ。前代未聞のツール休止は、このフランスの解放者に敬意を表するためだった。私邸「ラ・ボワスリ」に週末を過ごしに来ていて、妻の「イヴォンヌおばさん」といっしょだった大統領は、自分ひとりのためにレースが中断されて面くらった。

拍手して、握手を始めた。総合優勝者となるマイヨ・ジョーヌのイタリア選手、ガストーネ・ネンチーニや、人気上昇中でフランス・チーム出場のアンドレ・ダリガード、ジャン・グラチーク両名の手を握り、それから選手一同に呼びかけた。「諸君、健闘を祈る！《ボンヌ・ルート》」

姑息にも、この一時停止に乗じた選手がいる。メイン集団にもいなかったフランス人、ピエール・ブフーユだ〔中部・南部チームで出場〕。いまいましいパンクのせいで後塵を拝し、停止地点のコロンベに最後尾集団で到着した。そのくせメイン集団に追いつくと直進を続け、先行の選手をかまわず抜いていった。ステージ優勝を奪った彼は後日、選挙ではいつもドゴールに投票していると言いつくろった。

一九六二年――トレード・チーム制が復活

一九三〇年からこのかた、万事すんなりいっていた。先頭は広告キャラバン隊だ。けたたましいキャッチコピー、でかでかと派手に描かれたブランドネーム。つづけて、いわゆる「ナショナル」チームの選手たちが進む。この明確な区分けが、一九六二年に吹っ飛んだ。参加選手がナショナル・チームのジャージではなく、食前酒のサン・ラファエル、ビールのペルフォルト、自転車のメルシエといった具合に、トレード・チームのジャージを着用したからだ。

ツールの主催者はそうさせまいと長いあいだ抵抗した。ナショナル・チーム制が人気を盛りあげていたからだ。でも今回はもうお手あげだった。改革派が力ずくで押してきた。これらのブランドは、いいかげんがまんできなくなっていた。ツール以外の時期にはチームのスポンサーとして、世界の自転車競技を資金面で支えているというのに、年間最大のイベントから締めだされていたのだから。

主催者側には、方針転換の理由づけが必要だった。トレード・チーム制になれば、小国のすぐれた選手もチームメイトに恵まれる。同じ国の王者同士の対決も見られるかもしれない。などと理屈をこねたところで、真の理由はごまかしようがない。要はカネの力に屈したのだ。その後に逆戻りがこころみられ、一九六七年と六八年にナショナル・チームが復活する。と思いきや、次の六九年にはまた、どこを向いても広告だらけのツールに舞い戻った。

レーモン・プリドール（一九三六年～）〔二〇一九年に逝去〕

あの美しい大貴婦人を心の底からほんとうに望んだろうか。彼女はいつもほかの、もっと威勢がよくて、もっと血気さかんな男を恋人に選んでいた。

一九六二年から七六年まで一四回も出場しながら、レーモン・プリドールは一度もツールを奪いとれなかった。一四回のうち一度も、一日たりとも、マイヨ・ジョーヌに袖を通せなかった。なんとも因果なやつだ。一九七三年のプロローグ〔「自転車ミニ用語集」の項を参照〕では、あと八〇センチのところで、かのジャージは彼の手をすり抜けていった。ツールの歴史に「永遠の敗者」、「永遠の二番手」、永遠の「プププ」として名を残すだろう。

角ばった顔、農民の体格、それに豊かなふところ。ステージ優勝を七回とげた。ポディウムに八回のぼるという記録も打ちたてた。総合三位が五回で（一九六二年、六六年、六九年、七二年、七六年）、総合二位が三回だ（六四年、六五年、七四年）。でも一位はゼロ。元凶は、大将ジャック・アンクティルや、人食いエディ・メルクスにある。不運、もたつくメカニシャン、パンク、それに、自分のとんでもない大ボケにある。結局のところ、プリドールの最も恐るべき敵はプリドールだった。

一九六二年の最初のツールでは、スタート時にすでに負傷していた。もう二十六歳になっていた彼は、開幕の数日前に、左手の小指の骨を折ってしまったのだ。それでも総合三位、期待のホープだ。翌一九六三年、新星プリドールは失墜した。結果は総合八位、パルク・デ・プランスのゴールで思いきり野次られる。大歓声で迎えられたアンクティルに比べ、覇気がなく、精彩に欠けるということだ。

一九六四年はどうか。自分の番になるはずだった。第九ステージ、ブリアンソン～モナコの二三九キロ。このリムザン男はとんでもないへまをやらかした。旧ルイ二世スタジアムに、アンクティルが先頭で突進する。直後に続いたプリドールは、追いついてスプリントに入り、ゴールラインを最初に越える。勝ったぞ、とププは思った。が、あと一周残っていた。それを知っていたアンクティルは通り越し、ステージ優勝と一分のボーナスタイムをかっさらった。後日のステージ、ピュイ・ド・ドームの伝説的な一騎打ちで、「ププ」はアンクティルに競り勝った。でも総合順位では大将を抜けなかった。ギアの選び方がまずかったせいだ。この年に逃した総合優勝は、五十五秒の僅差だった。一九六八年、今度こそ自分の番だ。のはずが、落車してひどく打ちつけた。不注意なオートバイのせいだ。リタイアに終わる。

一九七六年、最後のツールで、四十歳の「ばりばりオヤジ」はふたたびポディウムにのぼった。マイヨ・ジョーヌは逃れ去った。でも、観衆のハートはつかみとった。あまりの悪運が同情を呼んだのだ。彼の人気は「ププラリテ」、彼のファンは「プリドリスト」、彼らは「アンクティィリヤン」を毛嫌いした。プリドールは今でも、パートナー企業の黄色のポロシャツを着て、ツールのあちこちでサインに応じている。

一九六四年にブエルタ・ア・エスパーニャ、六一年にミラノ～サンレモで優勝したのがせめてもの救いだが、選手としては不運つづきで、歯がゆさを感じる。本人はさっぱりしたものだ。フェアプレイの血が流れていて、負けた相手のほうが上だったんだと決まって言う。

監督だったアントナン・マーニュは、選手たちのことを語るとき、いつも振り子で占っていた。振り子の見立てはどうだったのか。マーニュは言う。プリドールは「非凡」な一面があったが、「六月と七月は最悪の時期だった。ツールでうまくいかなかったのは宿命だ」。

一九六四年——勝利か、さもなくば死か

つらい。ひどくつらい、どこまでも続くエンバリラの坂道で、巨星アンクティィルはリタイア寸前だった。四度ツールを制した男が、今度はツールにへこまされていた。彼の不調は一目瞭然だった。フェデリコ・バーモンテスにレーモン・プリドール、彼の宿敵たちもそれを察し、やつをアスファルトに埋めてやろうと言わんばかりに、さっさと置いてきぼりにした。

総合二位なのに、タイムと五勝目を失おうとしていた。ノルマンディ男の脚はどこかにいっていた。

頭もだ。ああ、そうだ、きっとあそこだ。だいじな休息日だった昨日の夜、トレーニングをさぼって羊の丸焼きパーティに出かけ、サングリアもやったりしたからな。彼は雑念を振りはらおうとした。でも、あのベリーヌとかいう占い師が告げた不吉な予言が頭にこびりついて離れない。おまえは第一四ステージの一八六キロ、ゴールのトゥルーズにたどり着けずに、落車してリタイアすることになる、もしかすると死ぬかもしれないよ。

この予言のせいで、アンドラをスタートしてからずっと、天使の羽は鉛のように重かった。チームメイトのルイ・ロストランは、見放すことなくアシストを続け、レース・ディレクターの注意がそれると押してやりさえした。標高二四〇八メートルのエンバリラ峠の頂上を通過した時点で、ジャック大将はすでに四分以上も後ろにいた。一九六四年七月六日、プリドールが実質的《バーチャル》にはマイヨ・ジョーヌを手にし、ついにツールが自分のものになると信じた瞬間だった。アンクティルはもう終わりだと観念し、停まりたい衝動に駆られた。「おい、おまえはアンクティルだろうが、くそったれめ」と、伴走をやめないロストランが発破をかける。監督のラファエル・ジェミニアーニは、ジャックの野郎に活を入れてやろうと、シャンパン入りのボトルを渡した。「これでへばるか、飛びだすか!」

ノルマンディ男は下りでよみがえる。霧が晴れた。カーブを切るごとに死線をかすめながら、ぐんぐん突き進む。「コケてもいいから、前に出てやる。」前にいた選手たちは慎重に走っていた。でも慎重にやるのは、自転車レースでは裏目に出かねない。アンクティルはマイヨ・ジョーヌのいる集団をとらえた。トゥルーズに着くまでに、不運な「ププ」も抜き去った。プリドールはアンクティルに、ここでさらに二分のタイム差をつけられた（総合優勝争いでも負けた）。ホイールが気まぐれを起こしたうえに、力あまったメカニシャンに突き落とされたせいだ。アンクティルはのちに語っている。この日は「勝利か、さもなくば死か」だった、と。三十歳の彼は、五勝目に向かうロードを走っていた。占い師は予言をミスったにちがいない。

一九六四年――ピュイ・ド・ドームのつばぜり合い

呼吸も同じなら、汗も同じ、心も同じだ。狭くてカーブだらけで、びっしりと観衆が張りついた道で、宿敵の二人はもはや混然一体だった。肩、膝、そして望みが、こすれ合い、ぶつかり合った。ここで引くわけにはいかない。くたばるわけにはいかない。その自負心だけで二人は生きていた、生き残っていた。ピュイ・ド・ドームの登りは、一センチ一センチが、まさに生き残りを賭けた闘いだった。黄色の布きれを求める者たちの壮絶に美しい闘いだ。ここオーヴェルニュのアスファルトに沈みこむなんて、アンクティルにとってもプリドールにとっても考えられない。ツール・ド・フランスには、一トンの苦痛をこらえる価値がある。

時は一九六四年七月十二日。アンクティル、三十歳、都会の伊達男の風情がただよう。プリドール、二十八歳、ごつごつした田舎者の体格だ。マイヨ・ジョーヌのアンクティル、それを奪おうとするプリドール。伝説の第二〇ステージ、ブリーヴ～ピュイ・ド・ドームの二一七・五キロだ。スタート時点で、アンクティルが総合二位のプリドールに五十六秒の差をつけていた。つまりは僅差だ。

頂上まであと三キロになった。ツールも観衆も、フランスも世界も、真っ二つに割れた。「アンクティリヤン」対「プリドリスト」だ。友だち同士でいがみ合い、カップルが仲たがいする。「くたばれ、ジャック・アンクティル」あるいは「アンクティルめ、ツールを買収しやがって」といった横断幕も見える。この登り坂に三万人の観衆が詰めかけ、その一部が「プリドール、プリドール、あいつをやっちまえ」と叫んでいる。二人の国民的ヒーローをめぐる対立は冗談ぬきだ。

フラム・ルージュ〔「むかしながらの風物詩」の項を参照〕を越えたところで、アンクティルの脚に限界がきた。プリドールの脚はまだもっている。頂上まであと九五〇メートル、リムザン男がアスファルトを削りとり、青い目のノルマンディ男のタイムを削りとっていく。この辺の古い石塊と同じようにくぼみ、すじの入った頬をしたプリドールが、一漕ぎごとにアンクティルを引き離す。一秒、また一秒、やがて三十秒、ゴール地点で四十二秒だ。

それでもアンクティルを葬り去るには足りなかった。黄色のジャージはキープされた。総合のタイム差は十四秒だ。「もしマイヨ・ジョーヌをプリドールに取られてたら、今晩はもう家に帰ってるさ」と、アンクティルはほざいた。ぐったりして、精魂尽きはてていた。でも、とにかく目的はとげた。マイヨ・ジョーヌをキープしたから、最終ステージのタイムトライアルでは、スタートの順番が最後になる。

なぜプリドールは、もっと前にアタックをかけなかったのか。なぜライバルをさらに引き離して、レースにとどめをささなかったのか。彼もどうやら無理をしていたようだ。そして、アンクティルに目をくらまされていた。アンクティルは、相手をできるだけ長く引きつけておくことに全力を尽くした。勝利体験のなせるわざだ。一九三一年と三四年にツールで二勝した監督のアントナン・マーニュは、プリドールがギアの選択を間違えたことに仰天した。事前にルートを確認しておきながら、そんなミスを犯すなんて考えられない。「いや、マーニュさん、ピュイ・ド・ドームの登りは確認してなかったんです。」下見をさせてもらえなかったからだ。七月十四日、アンクティルはツール五度目の総合優勝を勝ちとった。

それから何年も時が流れ、二人のライバルは親交をあたためるようになる。一九八七年十一月のこと、レーモンはマルティニク行きの飛行機に乗ろうとしていた。もう二度とあいつには会えないだろう。がんのために死期の近づいていた友に電話した。「つらいよ、ぼくはつらいよ、アンクティル。ピュイ・ド・ドームのときよりもっときつい。」電話の向こうでは、汗のかわりに涙が流れていた。

ジャック・アンクティル（一九三四〜八七年）

もし神が存在するとしたら、ジャック・アンクティルをつくるときに天使をモデルにしたにちがいない。空色の目、透きとおるような顔だち、明るい色の髪。それに脚ときたら、まるで羽だ。いとも軽やかな脚さばきで、やすやすと漕いでいて、ロードの上を滑空しているように見えてくる。ツール史上初の五勝、神に愛された選手だ。

フライス仕上げを専攻したアンクティルは、そのまま旋盤工になっていたかもしれなかった。セーヌ・マリティーム県で送った子供時代は、父親のイチゴ畑で重労働をしていたから、農家になっていたかもしれなかった。だが、十七歳のときに出た初めてのレースで、すぐに才能を見いだされる。それからわずか二年後には、定評あるグランプリ・デ・ナシオンで、当時の有力選手をごぼう抜きにした。一四〇キロのタイムトライアル・レースだ。一九五七年に初出場のツール・ド・フランスで、総合優勝を奪ったのも当然のなりゆきだ。得意のタイムトライアルで圧勝だった。さらに一九六一年から六四年にかけ、四勝を加えている。じきに選手仲間から「ジャック大将」と呼ばれるようになった。一九六一年のツールでは、初日の晩から最後の晩までマイヨ・ジョーヌ着用という快挙も成しとげている。

アンクティルのパラドックス。それは、艶然たるエレガントなペダリングを絶賛されながらも、うまく観衆のハートをつかめなかったことだ。彼には計算高いところがある。お得意のセリフはこうだ。「先行でタイム差が十分なら、九分五十九秒は余分ってことさ。」せこい経理屋みたいな姿勢のせいで、「ロードの巨人《ジエアン》」ならぬ「ロードの管理人《ジエラン》」だと、アントワーヌ・ブロンダンの時評に書かれたこともある。この言われようはあんまりだ。アンクティルは離れわざだってやってのける。たとえば一九六五年だ。クリテリウム・デュ・ドフィネ・リベレを制したその脚で、一睡もせずにハシゴして、何時間かあとにボルドー〜パリの勝者となったのだ。

「ジャック大将」が観衆を沸かせなかったのは、フランス人の二番手びいきのせいもある。プリドールとのツール対決でフランスは二分され、ピュイ・ド・ドームの登りで最高潮に達した。とはいえ、アンクティルのファンのほうがずっと少なかった。そう、地に足の着いた温厚な「プププ」とは対照的に、アンクティルは挑発的な態度に出てばかりだった。ドーピングの事実も認め、自分の好きなように生きた。そのせいで家庭も複雑で、妻の連れ子とのあいだに一子がある。

フランス人が彼を好きになるのは、現役をしりぞいてからのことだ。ラジオやテレビで、解説者として鋭く、いつもあたたかなコメントを出していた。でも、自分の意見は絶対にゆずらなかった。亡くなる数時間前に、初代コーチのアンドレ・ブシェにこんなふうに語ったという。「がんひとつで死にやしないと言っただろ。ほら、そのとおりじゃないか、二つなんだから。」

一九六七年——死の登坂

このハゲ山が運命を決するはずだった。自分でも言っていた。それは不吉な予感と化してしまった。マルセーユ〜カルパントラの二一一・五キロはカラカラだった。だれもがみな、暑さに精魂尽きていた。そのひとりの魂が文字どおり、やがてプロトンを去ることになる。トム・シンプソンだ。ヴァントゥ山の最後の三キロで、彼は限界に達していた。もう漕げなかった。ひどく脚が重かった。どんなにがんばってもダメだ。シンプソンは崩れ落ちた。

観客たちが助けるつもりで、起こして押してやる。トムは苦しげに数メートル進み、ふたたび自転車とともども崩れ落ちた。意識がなかった。だれかが飛びついて、人工呼吸をこころみる。ツールのドクターが現われて、心停止させないための処置とされていた穿刺《せんし》をほどこした。酸素マスクをはめ、憲兵隊のヘリに乗せる。一九六七年七月十三日、二十九歳のイギリス人は、第一三ステージの山岳で命を落とし、ツールで二人目の死亡者となった。

ポケットのひとつからアンフェタミンが出てきた。血中からもだ。アルコールも検出された。のどの渇きに耐えられず、バーに飛びこんで手あたりしだいに二杯やったようだ。一杯はコニャック、もう一杯はパスティスだった。彼はドーピングを隠してはいなかった。ロード世界チャンピオンとなった一九六五年に、みずから告白しているが、それで目くじら立てられたわけでもない。前後してフランスでドーピング禁止法の成立が秒読みに入り、選手たちが抗議のストライキを起こしていた時期のことだ。

プロトンは翌日のゴール地のセトで、一九六二年にイギリス人初のマイヨ・ジョーヌとなったトムを哀悼するために、彼のチームメイトのバリー・ホーバンを先頭に立てた。数年後にホーバンは、シンプソン夫人と結婚している。

エディ・メルクス（一九四五年〜）

自転車レースといえば、不測の事態、意外なハプニング、あぜんとするような不調、だしぬけの快挙だ。そこに「スポーツ界の華麗な確実性」、エディ・メルクスが加わった。アントワーヌ・ブロンダンの的確な表現による。勝利に次ぐ勝利。食傷するほどだ。これほど遠慮ない勝ちっぷりをつらぬいた自転車選手は、あとにも先にもほかにいない。「うちのパパを絶対に勝たせてくれないんだから」と、まだ十二歳の少女がつぶやいた。ライバルのクリスティアン・レーモンの娘だ。「あんたはただの人食いよ。」毎日ひとつずつプロトンをたいらげていたメルクスに、後世に残るニックネームがついた。

闘争心に燃えていたのは子供のころ貧しくて、という話に落としこみたくもなるが、そんなことは全然ない。愛情に満ちた家庭で、なに不自由ない子供時代を過ごしている。食品店を営む父親は裕福で、一家はブリュッセル郊外の高級住宅街に住んでいた。十六歳で初めてジュニアレースに出たときから、ひとたび自転車にまたがれば、どんな田舎レースでも鼻息を荒くして挑みかかった。命がかかってでもいるかのような剣幕だった。漆黒の髪に大きな足のメルクスは、ムードで聞かせるアメリカの歌手《クルーナー》みたいに見えた。でも、彼がプロ入りするやプロトンにお見舞いしたリフレーンは、けたたましく猛々しいものだった。一九六九年に初出場したツール・ド・フランスも圧勝だった。ムランクスがゴールのピレネー越えステージでは、マイヨ・ジョーヌを身につけ、総合優勝も確実にしていながら、単独で一四〇キロ逃げるというありえない挙に出た〔第一七ステージ〕。そして、最終的に二位に十八分近くもの差をつけた。ツールでは一九七〇年、七一年、七二年、七四年と、さらに四勝を加え、マイヨ・ジョーヌ着用日数が九十六日間、ステージ優勝が三四回など、保持する記録も多い。

この傍若無人な強さは、もういいかげんにしてくれよという感じだった。「反メルクス主義」なる言葉まで生まれている。フランスでは拒否反応が強く、無数の脅迫状が送られた。メルクスの活躍のことよりも、めったにない劣勢のほうが話題にされた。一九七一年のツールに勝てたのは、ルイス・オカニャの落車とリタイアのおかげだとか、ドーピング検査で二回ひっかかったとか、一九七五年のベルナール・テヴネの猛攻で、メルクスの時代は一気に終わったといった具合だ。ベルギーではまったく違う。父親がオランダ語系、母親がフランス語系のメルクスは、国内の亀裂を超えて、だれからも異論の出ない存在でありつづけている。そんな存在はほかには国王だけだ。ものすごい快挙じゃないだろうか。

一九七一年――マイヨ・ジョーヌの痛ましきクラッシュ

空がいきなり、力いっぱい雨を降らせはじめた。なんだか不穏な感じだ。彼はその日まで、不運と人食いをうまく抑えこんできた。そうだ、このルイス・オカニャがパリに凱旋し、エディ・メルクスをベルギーに追い返すのだ。スペイン人クライマーは、グルノーブル〜オルシエール・メルレットの一三四キロで勝負に出て、二勝の王者で前年の覇者メルクスに八分あまりの差をつけて区間優勝を決めていた。あのアスファルトの大食らいにおあずけを食らわせてやれるのはオカニャをおいてはいない。

ところがメルクスの食欲は、とどまるところを知らなかった。一九七一年七月十二日、第一四ステージ、ルヴェル〜リュションの二一四・五キロ。スペイン野郎が三日前から着てやがる黄金色のジャージはおれのものだ。なにがなんでも取り戻してみせる。豪雨のなかでアタックをかけるが、オカニャも食いついていく。マンテ峠の下りにさしかかった。猛烈な勢いで駆けおりるメルクスが落車して、すばやくサドルに飛び乗った。下りが不得手なオカニャも、すぐ後ろでよろめいた。自転車にまたがったところに、オランダ人ヨープ・ズートメルクが衝突する。オカニャは地面に倒れ、事故の苦痛にうめいた。しかし、それは不幸の始まりにすぎなかった。さらに何人もが突っこんでくる。骨はひとつも折れずにすんだものの、病院に運ばれるはめになった。

周知のように、他人の不幸はなんとやらで、幸運のほうはメルクスがつかんだ。とはいえ、こんな悲劇のあったリュションの晩に、マイヨ・ジョーヌに袖を通すなんて、とてもじゃないけど考えられない状況だった。この年の勝者は、結果として二人、記録上はメルクス、実質的《バーチャル》にはオカニャだ。その決着は永遠につくことがない。

オカニャは二年後にパリへの凱旋を果たす。けれども、そこにはなにかが足りなかった。一九七三年はメルクスが欠場だったのだ。勝利に少しばかりミソがついた。「こんなふうに言ってくるやつが絶えないんだ。『勝ちましたね、でも、その場に彼はいませんでしたね』って。」

ジャージ色とりどり

まずもちろん、マイヨ・ジョーヌがある。一九一九年の登場以来、プロトンの灯台となり、観衆に追い求められる。でも、ツールの主催者が考えだした目印ジャージはそれだけじゃない。まず一九五三年の第五〇回大会から、緑のジャージ《マイヨ・ヴェール》が登場した。総合順位だけでない勝負どころをつくりだすのが目的で、最優秀スプリンターが着用する。各ステージの上位に入るか、特定地点を上位で通過したときに、与えられるポイントの合計数で決まる。この緑のジャージは、一九六八年に一度だけ赤になった。六八年五月の学生たちの反乱に敬意を表したわけではない。ポイント賞のスポンサーになった炭酸飲料メーカー、SICのイメージカラーに合わせてだ。

現在まで続くもう二つのジャージは、一九七五年に加わった。白いジャージ《マイヨ・ブラン》は最優秀若手賞だ。二十六歳未満の選手のうち、総合順位がいちばん上の者が対象となる。[1] もうひとつは、奇抜なモチーフというか、趣味が悪いというか、それでも欲しがる選手が多いジャージだ。白地に（でっかい）赤の水玉ジャージ《マイヨ・ア・ポワ》で、最優秀クライマーが着用する。山岳賞自体は一九三三年からあったものの、プロトンのなかで受賞選手が目立たなかった。それを改めるために創設された。最初にこの姿でパリ入りした選手はベルギー人、ルシアン・ヴァン＝インプ。できれば着用せずにすませたかったらしく、「道化のように見える」とこぼしていた。

（1）正確には、その年の誕生日に二十五歳となる選手までが対象。「新人賞」として知られているが、複数回の授賞も可能〔訳注〕。

高望みをせず、緑や白、水玉のジャージにねらいをしぼる選手もいる。逆に、黄色しかいらないと豪語する者もいる。取ろうと思えば取れるのに、そんなものはどうでもいいと、これみよがしに無視してみせる。最後にもひとつ、尽きせぬ闘魂をたぎらせ、なんでもかんでも欲しがる選手がいる。たとえばエディ・メルクスだ。五度の総合優勝に加え、緑のジャージも三度獲得した。まだ白も水玉もなかったときの話だ。これらの賞がもし一九六九年、彼のツール初勝利の年にあったなら、「人食い」は四枚のジャージをものにしていたはずだ。

一九七五年――脇腹への一発

ふりしぼっている力の勢いそのままに、自転車の上で二つ折りになっていた。ピュイ・ド・ドームの頂上まであと一五〇メートルだ。おれのイカした黄色のジャージをねらうフランス人の小僧っ子、ベルナール・テヴネが出しぬきやがったが、野郎にタイムを稼がせないためにヒリヒリになった脚も、もうあと一五〇メートルだ。びっしりの観衆のあいだをあと一五〇メートル抜ければいい。それで総合タイム差をキープでき、また一歩、ツール六度目の優勝という大記録に近づくことになる。一九七五年七月十一日、エディ・メルクスの右手側から、突如ひとりの観客が腕を突きだしたのは、ゴールまであと一五〇メートルの地点だった。握りしめたこぶしが、ベルギー人の脇腹を直撃した。マイヨ・ジョーヌは片腕をハンドルから放して腹をさすり、気を取りなおしてゴールした。黄色のジャージはキープしたし、ここでテヴネに縮められたタイムは三十四秒におさまった。だが、怒りでカンカンになっていた。「一瞬、気絶するかと思ったぜ。」

観衆の敵意に気づいてはいた。彼らはメルクスのひとり勝ちにうんざりしていて、フランス人の挑戦者の登場に沸いていた。だからといって、なぐるなんてあんまりじゃないか。ゴールしたメルクスは、一五〇メートル手前まで下って、こぶしの主を見つけだし、わざとじゃないと言いはる男を警察に突きだした。あろうことかテヴネという名前の弁護士がついたが、後日に有罪判決となる。でも、こいつを司法に引き渡しても、メルクスの気は晴れなかった。激しく動揺していた。苦痛に顔をゆがめ、腹を押さえながら、着替えをしている姿が写真に残っている。それから二日後〔十一日の第一四ステージと第一五ステージのあいだに休息日が入っている〕、ゴール地プラ・ルーに向から登り坂で、ベルギー人チャンピオンの走りは鈍く、まるでスピードが出ていなかった。マイヨ・ジョーヌはベルナール・テヴネの手に移る。メルクスの時代が終わった。

悪質行為に反則行為

同じように列になってはいても、教会堂内を進む信徒には遠くおよばない。ツールの選手たちには、ひどい不祥事がいくつもあった。ドーピング事件は数しれない。一九〇四年にはイカサマが横行し、上位四人が失格になった。一九一一年にはポール・デュボックを見舞った謎の毒物事件が起きた。ささいな悪質行為や、知られざる反則行為にいたっては、もう枚挙にいとまがない。

たとえば一九〇六年の第三ステージ、ナンシー〜ディジョンの途中のヴズルで、四人の選手が電車に乗りこんだ。ディジョンで降りると自転車にまたがり、なにくわぬ顔でゴールした。が、バレて即刻退場になった。

一九三七年にも、しばり首もののひどい手口が用いられた。ハイライトとなるリュション〜ポーのステージの朝のこと、標的は優勝候補のひとりのロジェ・ラペビだ。スタートの直前、いきなりハンドルがこわれて地面に投げだされた。ノコギリで切られていた。だれがやったかはわからないままだ〔第一五ステージ〕。

とはいえ、悪質行為の大部分は最後の数百メートル、鼻息も荒くもつれあったゴールスプリントで起きている。たとえば一九九七年だ。ベルギー人、トム・ステールスが時速六〇キロを超えるスピードで、数十人の集団に突っこんでいった。けれど、フランス人のフレデリック・モンカサンが邪魔で進めない。先頭に出るのは無理だと観念したのか、ボトルをつかんで勢いよく邪魔者に投げつけた。へたすると、全力疾走中の選手を何人もなぎ倒すところだった〔第六ステージ〕。二〇一〇年には、最後の直線コースで、オーストラリア人マーク・レンショーがニュージーランド人ジュリアン・ディーンをどけようと必死のあまり、自転車の上から三度の頭突きを食らわせた〔第一一ステージ〕。ときには激闘が乱闘と化すこともある。これも二〇一〇年、グニヨンにゴールしてすぐさま、ポルトガル人ルイ・コスタとスペイン人カルロス・バレドが、ゲンコとホイールで格闘を繰りひろげたのだ。自転車とボクシングを混合した新競技「デュアスロン」でも始まったか、というありさまだった〔第六ステージ〕。

ベルナール・テヴネ（一九四八年〜）

ゴリアテを打ち負かしたダヴィデは、むかしの版画に描かれたような優美な顔はしていなかった。あごは角ばり、鼻翼は広く、もみあげが伸びていた。この若者が巨人を倒すのに使った石投げは、自転車の形をしていた。打倒不能のエディ・メルクス打倒という快挙を成しとげたベルナール・テヴネの自転車の形を。

生まれ育ったソー・ネ・ロワール県の集落は、その名も「ル・ギドン〔自転車やオートバイのハンドルの意味〕」。自転車選手にならないほうがおかしいというものだ。本人もなんの疑問ももたなかった。畑仕事をもっと手伝わせたいと思っていた農家の両親がむっとするほど、物心ついたころから自転車が好きだった。しかも、めちゃくちゃ才能があった。一九七〇年のプロ入りで、もはや疑いの余地はない。すごい選手がフランスで発掘されたのだ。とはいえ、メルクスを打ち負かすなんてまだ想像のかなただ。「ナナール〔オンボロの意味がある〕」ことベルナールは、山岳が得意で、タイムトライアルのロスも少ない。でも、偉大なチャンピオンにつきものの闘魂に乏しい。繊細で、温厚で、ひかえめで、いつもおだやかで愛想がいい。

ところが一九七五年は別人だった。二十七歳のテヴネがありえないことをやってのけた。アルプ・ド・オート・プロヴァンス県プラ・ルーに向かう登りで、逃げていたメルクスに追いついた。さらに決定的に引き離して、マイヨ・ジョーヌを奪いとり、そして最後まで手放さなかった。三十歳になっていたベルギー人の長年の君臨はここに終わる。テヴネは一九七七年にふたたび総合優勝に輝いた。二位のオランダ人ヘンニー・クイペルと四十八秒の僅差だった。

マイヨ・ジョーヌでパリに凱旋という二度の快挙からすれば、永遠に殿堂入りしてもおかしくないが、一九八一年に引退したときには、それほど有名ではなかった。人がよくて、なにごとにつけても強く出ることがなかったせいだ。拍子ぬけするぐらい正直なせいもある。一九七八年に、ほかの選手たちが否認するなか、ドーピングの事実を告白している。過去の人気が復活したのは解説者になってからだ。一九九四年から二〇〇四年まで、とつとつと熱い語り口で、選手たちに対しても変わらず好意的だった。他人に敬意を払う姿勢は、むかしからずっと変わらない。プラ・ルーの登りで抜き去ったとき、テヴネはメルクスに視線を向けようとしなかった。「見てやろうなんて気になれなかったんだ。」末路を迎えた選手への、度が過ぎるほどの敬意だった。

一九七五年——フィナーレはシャンゼリゼで

ちょっとやそっとのことでは無理な話だった。でも、あの荘厳で格式高い場所ならば、国内最大のスポーツ競技のゴールを飾るのにまことにふさわしい。その役目は数十年間ずっと、パルク・デ・プランス自転車競技場が果たしてきた。それが一九六八年から、このパリ一六区のスタジアムが工事で使えなくなり、三週間におよぶレースのフィナーレは、しかたなくヴァンセンヌの森のラ・シパルに移った。のどかなのどかな田園地帯で、日曜のお昼に家族連れでピクニックするような場所だ。ジャック・ゴデに夢が芽ばえる。自転車にまたがった選手たちが、まるで七月十四日の〔革命記念日にパレードする〕兵士たちのようにシャンゼリゼを下っていくという夢だ。レーサーパンツをはいた英雄たちをフランスが顕彰する。完璧じゃないか。ゴデは妄想をふくらませ、地図にルートを書きこみさえした。とはいえ、どうしたって無理に思えたから、オフィスの棚にしまいこんだ。

それでも一九七五年の初めに、ちらっとイヴ・ムルジの耳に入れた。TF1の昼のニュースの看板アナウンサーに、不可能という文字はない。薄く色の入ったメガネの奥で、いつも皮肉な目が光っていて、どんなことでもやってのける。ヴァチカン宮殿のバルコニーから、あの大音量の「こんにちは」

を発してみせる。潜水艦に乗りこんで、そこでニュースを読みあげる。ポーランドの悪名高いヤルゼルスキ将軍の訪仏当日に、似たような黒メガネをかけて登場する。掛け値なしに、どんなことでもやってのける男だ。ジスカール＝デスタン大統領に直談判して、シャンゼリゼをツールのゴールにする許可をもらうことだって。

数か月後、あのパリの大通りを選手たちが駆けぬけた。それも一度だけではない。二七周だ。さらに仕上げに、大統領まで登場する。エリゼ宮の庭を横ぎって、優勝者にマイヨ・ジョーヌを渡す。共和国史上、初めてのことだった。この年の優勝者はベルナール・テヴネ、無敵のメルクスをついに下したフランスの若者だ。ゴデは有頂天だった。「フランスの名を冠した大いなる巡歴が、全世界の注視のなか、かの誉れ高き街路でみごとに終幕を迎えていた。」

一九七六年――クライマーのまさかの優勝

幼いころからマイヨ・ジョーヌを夢みる者もいる。そこそこの野心にとどまる者もいる。たとえばルシアン・ヴァン＝インプの場合だ。身長が一六七センチしかなく、選手仲間から「ウィスティティ〔小動物マーモットのこと。写真撮影のときの「チーズ」に相当する語でもある〕」と呼ばれた彼は、平地の国ベルギーに生まれた。けれど抜きんでていたのは山岳だった。本人もそこに特化していて、ツールでも山岳賞やステージ優勝しかねらわなかった。実入りもそれで充分だった。

ところが一九七六年、二十九歳のときのツールでは、彼の所属チームのジタンに、うら若い新任の監督が来ていた。このフランス人、シリル・ギマールは、大型ギアのマキャヴェリのごとき人物だった。数か月前からヴァン＝インプにしつこく発破をかけていた。山岳だらけのルートで、メルクスも出ない以上、勝つのはおまえだ。選手のほうはうなずきながらも、半信半疑でスタートを切った。

ギマールは完璧に計画を練っていた。フィナーレの一週間前に、サン・ラリ・スランがゴールのピレネー越えがある。このハイライトのステージで勝負を決める。つまり早めにアタックに出て、大差をつける。あとは本人をその気にさせればいい。ポルティヨン峠にさしかかる。ヴァン＝インプは、ここでアタックしろと聞かされていた。が、そのまま何キロも過ぎていく。ギマールはチームの選手をひとり、またひとり伝令にやって叱咤する。エースは聞く耳をもたない。いくらなんでも早すぎる。まだ七〇キロ残っているし、峠ももう二つある。伝令がもってきた返答に、ギマールはキレた。ふざけるな、話が違うぞ。サポートカーのアクセルを踏み、クラクションを思いきり鳴らした。そして、エースに怒鳴りちらすために、少人数のプロトンの後尾に追いついた。監督の車が全速力で迫ってくるのを見たヴァン＝インプは、がぜんアタックしはじめた。そこから走ること六八キロで、二位に三分の差をつけて区間優勝を果たす。一九七六年のツールの勝負は決した。ヴァン＝インプは以後、水玉ではなく、黄色のジャージで駆けつづけた。

ベルナール・イノー（一九五四年〜）

子供時代を送ったブルターニュの強烈な風によって成形されたマシーン。温かい血が流れている。

でも笑顔はオプションでしか現われない。現代の世界では、闘志が感情に邪魔されることもあるが、彼の場合は闘志がDNAのなかに刷りこまれていた。ベルナール・イノー、栄光をプログラミングされた男。なにしろ記録がすごい。一九七八年から八六年まで八回参加したツール・ド・フランスで、五回の総合優勝をあげている（一九七八年、七九年、八一年、八二年、八五年）。ジャック・アンクティル、エディ・メルクス、ミゲル・インドゥラインと並ぶ記録だ。それだけではない。二回は総合二位（一九八四年、八六年）、一回は総合首位でのリタイアだ（一九八〇年）。マイヨ・ジョーヌの着用日数が、メルクスの百十一日〔「マイヨ・ジョーヌ」の項の訳注を参照〕に次ぐ七十九日。ステージ優勝が二八回。

このフランス人選手はすべてを手に入れた。群れを支配するオオカミと言うべきか。いや、アナグマと呼ばれた。語りぐさとなった性格の悪さゆえだ〔「アナグマ」を意味する「ブレロー」には、「偉そうにふんぞりかえったやつ」という含みがある〕。でも、本人は気に入っていた。「アナグマってやつは、シャベルで顔をぶったたくと、そのシャベルに食らいついてくるんだぜ。」きれいごとは口にしない。ドーピングの話題を振ったりしたらたいへんなことになる。平坦も、スプリントも、山岳も、どれも強くて弱点がない。気まぐれに故障する膝を別とすれば。

監督のシリル・ギマールが彼を育て、ツールに四度いっしょに行った。同じチームのローラン・フィニョンと競わせる、というやり方だった。イノーは一九八三年にギマールのもとを去り、実業家ベルナール・タピの巨額の出資で新チーム、ラ・ヴィ・クレールを結成する。翌年にフィニョンに敗れるが、次の年に王座を取り戻す。この年はじつは、チームメイトのアメリカ人、グレッグ・レモンとの申しあわせがあった。もしイノーがもたついたら、レモンは勝負に出てかまわない。第一七ステージでイノーはへばっていた。ところが、五勝目のチャンスをつぶしたくないスタッフ陣は、イノーの調子に関してレモンに嘘をついて勝機を奪った。アナグマは詫びのしるしとして、翌八六年のツールではレモンのアシストに回ると約束した。

だが、約束はしょせん約束だ。イノーは六勝目を夢みていた。二人の連携はやがて真っ向勝負に変わる。レモンが勝ち、イノーの選手生命は終わった。未練はなかった。アナグマにはアスファルトの嗅覚がある。三十二歳を目前に、栄光の輝きのなかで、自転車プロ生活に終止符を打った。引き際を誤れば、神話に泥がつくとわかっていた。

しばらく農業をやったあと、彼はふたたびツールに戻り、今も現役で運営会社の広報をつとめている。すっきりした体形を保っていて、イメージを守るのに気をつかっている。日々ポディウムの上で花束やジャージを手渡すイノーは、永遠のツール五勝の覇者、ひとことでいえば、ツール・ド・フランスの公式イメージキャラクターだ。

一九七八年——奇怪なイチジク

ツールにとって、なんとも不名誉な日となった。サン・テティエンヌ～ラルプ・デュエーズ、二四〇・五キロ。当時のテレビの解説によれば、そのベルギー人選手は「お見事」だった。だが、この悲惨に髪の薄い男がマイヨ・ジョーヌにたてまつられたのは、ほんのつかのまのことだった。

一九七八年の第一六ステージは、黄金色のジャージの着用者をいちいち疑うような時代の幕を開いてしまった。

二十七歳のミシェル・ポレンティールは退場処分にされた。総合首位の選手がレース中に放逐されるなんてことは、長いツールの歴史で初めてだ。なにをやらかしたかというと、「小便部隊」のドーピング検査をごまかそうとしたのだ。ジャージの内側、わきの下に隠し持っていたのは、「きれいな」尿で満たしたイチジク形のゴム浣腸器だった。

報道陣と関係者は、夫に裏切られた妻のような気持ちになった。どうしてまた、なにもかもぶちこわしにするような真似を、と疑問がぐるぐると渦巻いた。『ル・モンド』記者のジャック・オジャンドルは、これで「自転車競技の信用は地に落ちる」かもしれないとさえ書いている。ポレンティールはツール・ディレクターのゴデに、レースに戻らせてほしいと嘆願した。温情をかけてほしいと訴える手紙を送った。「自分は潔白だとは申しません」と認めつつ、自分のしたことは「せいぜい偽計未遂ということになりましょう。なぜなら偽計行為を実行に移してはいないからです」と述べ、大マジメにこう続けた。「容器があったことで、そのように受け止められてしまいましたが、尿すり替えの行為には断じておよんでおりません。」さらに警告まで書き加えた。「処分を受けた者たちが最も悪質というわけではないのです。」

わきの下にイチジクを忍ばせるという手口は、公然の秘密だったようだ。ポレンティールは犠牲者ぶってみせた。つもりがあるだけでは実際にやったことにはならない、と主張した。でも、主催者側の考えは違った。彼の行為はさらに別の、もっと悩ましい疑問を提起することになる。「難行苦行と化したツール・ド・フランスで、多少なりとドーピング剤を用いることなしに、好成績をあげる余地は残されているのだろうか。」ツールが騒然となった今回の追放劇に際して、『マタン』紙はこう書いた。そう、まさに永遠の疑問だ。

ツールの国際化

ツールは長いあいだ、とても閉鎖的なクラブだった。理由は単純で、自転車競技を実施していたのはほとんどヨーロッパだけだったからだ。それが一九八〇年代に少しずつ割れ目が入り、共産主義ブロックが打ちたてた鉄のカーテンの消滅とともに完全に崩壊する。一九八二年に一六か国だった参加選手の国籍は、三十年後にはアルゼンチン一名、南アフリカ複数名、ニュージーランド一名、日本一名などを含む三一か国に広がった。フランス人、ベルギー人、イタリア人、オランダ人、スペイン人が競いあい、そこにルクセンブルク人、ドイツ人、スイス人が絡むような時代は終わった。ツールの国際化には、世界各地でのテレビ放映も効いている。オリンピックもサッカーW杯もない年に、スポーツ競技で世界最高の視聴率になるのはツール・ド・フランスだ。

ツールの門戸が最初に大きく開かれたのは一九八三年、コロンビアからクライマーのチームがやってきた。体格は小さいのに、たちまち奇跡を起こす。すぐ翌年の一九八四年、ラルプ・デュエーズがゴールのステージで、まだアマチュアだったルイス・エレラが優勝を果たしたのだ。続いて一九八六年にはアメリカのチーム、セブン‐イレブンが乗りこんできた。しかも、この年の総合優勝は、アメリカ人では初めてのグレッグ・レモンだ。その四年後には、ソ連チームが初参加する。もはや国際化はとどめようのない流れだった。さらにソ連が崩壊すると、今度はロシア人、ベラルーシ人、カザフ人、スロヴァキア人、エストニア人などが押し寄せた。

マイヨ・ジョーヌ着用者の出身国も広がった。一九八一年までは、たった一〇か国。それ以降、一度でもあの輝かしい衣装を奪いとった選手は、さらに一一か国から登場している。

一九八〇年——万年二位がついにトップに

粘り強さという表現こそ、あの筋肉隆々とは違う大柄な体格にぴったりだ。一六回のツール出走で、リタイアがゼロの記録をもつ。総合二位が六回、これも記録だ。しかも一九七〇年から八六年まで、彼が出た時期のツールは、メルクスにオカニャ、イノーといった強豪がメジロ押しだった。永遠の二番手の名にふさわしいのは、レーモン・プリドールよりもヨープ・ズートメルクのほうだろう（二人は同じチームに所属していた時期もある）。大差ないといえば大差ないにしろ。

一九八〇年、三十三歳、一〇回目のツール。このオランダ人はまだ、シャンゼリゼで頂点に立ったことがない。見こみがあったわけでもない。この年はアナグマが猛威をふるっていた。けれど、ものすごい幸運が、ときに味方してくれることがある。膝の腱炎に耐えかねた総合首位のイノーは、第一二ステージ終了後にリタイアに追いこまれた。

翌日のマイヨ・ジョーヌは、二十一秒差で総合二位につけていたヨープが着用した。以後ずっと、ゴール地プラ・ルー手前三キロの登りで激しく落車した第一六ステージも含め、片時も手放しはしなかった。

そして総合優勝に輝いた。オランダ人としては（もちろん）二番手で、最初は一九六八年のヤン・ヤンセンだ。黙々と平坦をこなし、力強くも地味なズートメルクは、脚光を浴びることをこのまなかった。「ぼくはちょっと後ろに引いて、ほかの人たちをスターにしておくほうがいい。」でも、すばらしく息の長い選手だった。一九八五年には三十九歳目前で、ロード世界選手権を制している。この「オランダ人のなかで、いちばんフランス人みたいなやつ」は、意外ではないといえばそれまでだが、ドーピング検査で何度も陽性反応を出している。

一九八三年——苦痛にもだえたマイヨ・ジョーヌ

その朝、身につけたマイヨ・ジョーヌと同じぐらい、輝くような笑みを浮かべていた。一九八三年七月十二日、スタート地のバニェール・ド・リュションで、パスカル・シモンは選手たちの先頭に立って、ライバルに冗談を言ったり、カメラマンにポーズをとってみせたりしていた。ひょうきんで、得意げで、屈託がなかった。二十六歳のノッポは、生涯最大の快挙を成しとげたところだった。前日のピレネー越えで総合首位に立ったのだ。二位と四分以上の差がついていて、勝負は決まったように思えていた。あと十二日、このまま絶対パリまでキープできる。ところがバニェール・ド・リュションからまだ四六キロの付近で、二人の選手のもみ合いのあおりを食らって落車する。笑顔は苦痛の表情に変わった。左腕がもう持ちあがらない。肩胛骨が折れていた。それでもメイン集団に追いついた。その晩、ポディウムの上で新しいマイヨ・ジョーヌに袖を通すとき、彼は歯を食いしばった〔第一一ステージ〕。

シモンはすぐにさとった。優勝は無理だ。ハンドルのバーを引けない。苦痛を意識してしまう。きたるべきアルプスで先頭集団についていくのは無理だ。でも、リタイアなんてありえない。マイヨ・ジョーヌをそんなふうに手放してなるものか。誇りをかけて、最後まで守りぬいてやる。どだい無理とわかっていてもだ。次のステージはクリアした。その次も、その次も、五つ目まで守りきった。ポディウムの上で新しいマイヨ・ジョーヌに袖を通すという慣行は、主催者側の配慮で免除された。苦痛にさいなまれながらの六日目、シモンはさらに決定的に引き離される。その晩、ゴール地のラルプ・デュエーズで、総合首位の座をローラン・フィニョンに明けわたすと、涙を見せず、胸を張り、最後まで威風堂々と自転車を降りて、救急車の扉のなかに消えた。マイヨ・ジョーヌは永遠に彼のもとを去った。ツール・ド・フランスの総合優勝とともに。

ローラン・フィニョン（一九六〇〜二〇一〇年）

小さな丸メガネ、顔も丸くて、泡みたいな形の目。こざっぱりした青年は、マンガの世界から抜けだしてきたみたいだ。小柄で金色の髪、なまいきな顔つきのローラン・フィニョンは、自転車競技界では異彩を放つ。田舎の出ではなく、父親ゆずりの自転車好きでもない。都会育ち、それも首都だ。

パリっ子といえば、お高くとまって鼻もちならず、うぬぼれが強く、冷たくて他人行儀だと言われるが、それは偏見というものだ。

農家の息子が主流の選手たちのなかで、フィニョンが浮いていたのは事実だ。自転車だけで回った人生ではない。趣味までもっていた。文学だ。周囲からは「インテリ」、「先生」とからかわれた。バカロレア合格後に一年間、ヴィルタヌーズ大学で「物質構造科学」を専攻したせいだ。

自転車とのなれそめは偶然だった。いや、出会いだったというべきか。少年時代の友人たちの小旅行についていきたかったからだ。その旅路がやがて、ツールのポディウムの最上段までつながっていく。ツール初参加で初勝利、それもまた偶然だった。所属チーム、ルノーのエースが膝を痛めて参戦できなかった。王者ベルナール・イノーを欠いたかわりに、まだ自覚のない征服者が加わったのが、一九八三年のツールだった。有力選手が総じてふるわず、マイヨ・ジョーヌのパスカル・シモンも、あと六日というところでリタイアを余儀なくされた。チームの代理エースとなったフィニョンは、みなのあこがれのジャージ姿で、故郷のパリまで帰り着いた。突如フランスに知れわたった二十二歳の若者は、恐るべきクライマーで、タイムトライアルもめっぽう強く、天使の笑顔をもっていた。

イノーとフィニョン、二人の共存は不可能だった。ブルターニュ男は誇りを傷つけられた。こんな小僧っ子に横どりされるなんて。「ねえ兄貴、修行しないとね。そしたら少しはおさまるよ」などと、あつかましくもヌカしやがった。翌年には別々のチームで敵対したが、骨肉の激闘とはならなかった。フィニョンが四〇二一キロを風のように駆け、六つのステージ優勝をかっさらい、ベルナール・タピのラ・ヴィ・クレールから出たアナグマを脇役に追いやった。老いゆくイノーはラルプ・デュエーズのカーブで赤っ恥をかきさえした。アタックに出てはみたものの、金髪野郎を引き離せずに終わったのだ。フィニョンいわく、「飛びだしていくのを見て、笑っちゃったね」。だれも「先生」には手出しできないように思えた。本人もツールの第一人者きどりで、「五勝か六勝で打ち止めにするよ」と公言していた。

さりとてツールに権利証があるはずもない。意気ごんで気が変になることもあれば、幸運でギアが全開することもある。サナダムシにやられ、腱炎に見舞われ、とフィニョンは健康問題に悩まされた。ペダルさばきよりも束ねた髪が、このパリっ子を見つけるときの目印となった。要するにふつうの選手になったのだ。爆走は消えた。ツールが回を重ねるごとに、彼の不振も重なっていく。一九八九年はもちなおしたものの、悲劇的な結果に終わった。最終決戦の最終ステージでアメリカ人、グレッグ・レモンに敗れ去る。その差は八秒。

さらに四年間、フィニョンは出走を続けたが、新顔の登場で影が薄くなっていく。エリスロポエチン（EPO）がアシスト選手たちを疲れ知らずの闘士に変えていた。ツール二度の勝者フィニョンはEPOに手を出さないまま、選手生命を終えようとしていた。禁制品のご利益《りやく》をまったく知らなかったというわけではない。一九八七年と八九年の二度、陽性反応が出たことがあり、のちにコルチゾンとアンフェタミンの使用を認めている。

後年の彼は顔にしわを刻み、かっぷくもよくなった姿でテレビ画面に登場した。テレビ局の顧問として、あいかわらず手厳しく、とはいえ的確に、新たな時代のツールを論評した。

二〇一〇年には、この解説者の声はかなり聞きとりにくくなっていた。その年の八月三十一日にがんで死去する。ドーピングのせいなのか。「無関係だと言うつもりはない。(……)そうだとも違うとも言いきれない。医者たちの話では、おそらく違うということだ。」享年わずか五十歳だった。

一九八四年――まぼろしのハリウッド映画

ハリウッドはひそかに夢をあたためていた。ツール・ド・フランスがテーマの超大作、世界最大のレースをテーマとした史上最大の映画だ。一九七四年からコロムビアが、ラルフ・ハーンの著作『ザ・イエロー・ジャージ』の映画化を検討していた。それからほぼ十年後、監督と台本がそれぞれ、『ディア・ハンター』で一九七九年にオスカーを取ったマイケル・チミノ、『炎のランナー』で一九八二年に同じくオスカーを取ったコリン・ウェランドに依頼された。これだけでもすごい顔ぶれだ。

主人公は盛りを過ぎ、最後の勝利に手が届きかけた選手だ。スティーヴ・マックイーンだの、シルヴェスター・スタローンだの、どえらい名前がいろいろ飛びかった。選ばれたのはダスティン・ホフマン、『クレイマー、クレイマー』の父親役で一九八〇年にオスカーを取った俳優だ。当時四十六歳の彼は、このマイヨ・ジョーヌの物語に感銘を受けた。一九八四年には役づくりのため、何日かツールにおもむいたほどだ。

しかし、企画は実現にいたらずに終わる。『ロサンジェルス・タイムズ』紙によれば、すでに二〇〇万ドルが投じられていたらしい。映画にするには複雑すぎるというのが、公式の中止理由だった。

事実は小説より奇なり。数年後に別の説明が、ツール・ディレクターのジャック・ゴデからもたらされた。陰の面を絶対に見せないでくれ、とツール側がハリウッドに要請したのだという。回想録にこう記している。「ドーピングの話はなし、小細工の話もなしという条件は、われわれ主催者側として道義上、絶対にゆずれなかった。それでプロデューサーとシナリオライターが困りはてたのかもしれない。」ゴデの頭にあったのは、ツールを賛美する映画という発想だけだった。

アスファルトの一大スペクタクルは、かくして日の目を見ずに終わった。

一九八四年——女子のグラン・デパール

これは男子のスポーツだ。スチールの車体にまたがって、数千キロを走行する苦痛。何時間も、何日も、何週間ももちこたえるには、テストステロンがものをいう。とんでもない先入観だ。長いこと、女性はプロトンに入れてもらえなかった。女子ツール・ド・フランスの開催が最初に企画されたのは、一九五五年九月二十八日のことだ。主催者は戦時中に対独協力したジャーナリストのジャン・ルリオで、五つのステージが設けられた。そして、女性にもステージレースをこなせることが証明された。

なのに、女子ツールを開始あるいは再開するという発想は、それからほとんど三十年のあいだ、一九八四年まで出てこなかった。思いついたのは、ツール・ド・フランス運営会社（STF）ディレクターのフェリックス・レヴィタン〔一九六二年から八七年まで、ジャック・ゴデとともに共同ディレクター〕だ。以後五年間、兄貴分の男子レースの前座のようなかたちで、女子レースが開催された。常連選手のジャンニ・ロンゴが、一九八五年と八六年に総合二位に入り、つづけて八七年から八九年まで三連覇を果たしている。

この「弱き性」のほうのツールは、何度も名称、方式、日程、主催者が変わり、二〇〇〇年代に「グランド・ブークル・フェミニン」となった。というのも、「ツール」の名前はSTFが独占権をもっていて〔現在はASOの一部門となっているSTFが、一九八六年に「ツール・ド・フランス」を商標登録した〕、新たな主催者が使うことはできなかったからだ。競合する女子レースとしてツール・ド・ロード〔オード県一周〕、ルート・ド・フランス・フェミニン〔フランス女子ロード〕も誕生した。押されたグランド・ブークル・フェミニンは、二〇〇九年で消滅する。その後は起伏はありながらも、オルガニザシオン・ルート・ゼ・シークル（ORC）主催のルート・ド・フランス・フェミニンが、最大の女子レースとして現在まで続いている。

二〇一二年八月の第六回大会では一三チームの七八選手がエントリー。コースはノール県サン・ポル・シュル・メールからオー・ラン県マンステールまで、全長九二九・三キロの九つのステージだ。総合優勝はスペシャライズド・ルルレモン所属のアメリカ人、イヴリン・スティーヴンスが飾った。タイムは二十五時間あまり。女子の大会では、オレンジ色がリーダージャージの目印だ。

前年のツールでは、カリフォルニア男が勝てるところだった。なのに、なんてこった、仲間うちからだまされるなんて。

一九八六年——マイヨ・ジョーヌを賭けた対決

リュス・アルディデンがゴールのステージ、マイヨ・ジョーヌはベルナール・イノー、三分三十八秒差の総合二位がチームメイトのグレッグ・レモンだ。二人のあいだには申しあわせがあった。エースのイノーがへばったら、レモンはヒートアップして、総合優勝をねらってかまわない。この日、アナグマの脚はガクガクで、トゥルマレ峠で置き去りにされた。何人かのライバルがアタックをかけた。レモンは彼らについていき、エースの位置を監督にたずねた。このステージは自分が取れそうだった。「四十五秒だ。」デタラメだった。ほんとうは四分以上も後ろにいたが、ゴールは「チームメイト」のレモンより一分ちょっと遅いだけですんだ。イノー五度目のパリ凱旋を実現できるなら、ちょっとぐらいの嘘はいいじゃないか。

レモンの頭に血がのぼった。自分が走りたいように走るべきだった。そうしたら、あのステージを取り、ツール優勝をものにしていたはずだ。イノーはまるくおさめようとして、次回のツールではアシストに回ると約束した。ラ・ヴィ・クレールのオーナーのタピも、まったく同じことを請けあった。一九八六年のツールはおまえのものだと、二人のベルナールが口をそろえて誓う以上、過ぎたことは忘れるしかない。

でも、ツール五勝の国民的ヒーローに比べれば、しがないヤンキーがなにほどのものだろう。イノーの約束は口先だけだった。六勝目をあげれば史上初の快挙となり、自分の名前が輝かしい伝説になるとあらばなおさらだ。かくして一九八六年のツールは、チームメイト同士の対決となる。最初の山岳ステージのピレネー越えで、三十一歳のイノーは対決姿勢をあらわにし、マイヨ・ジョーヌを手に入れた。この野郎、話が違うじゃないか。総合タイム差はゴール地ポーで五分二十五秒、レモンにとっては絶望的だ〔第一二ステージ〕。

だが、ときにはプライドこそが、選手にとって最良の伴走者になってくれる。翌日のイノーは、トゥルマレ峠の下りでアタックに出たせいで、ゴール地シュペルバニェールの登りの前に力を使いはたした。二十五歳のレモンはここぞとばかりに飛びだしていく。ステージ優勝をとげ、イノーにあと四十秒にまで追いついた。

二人の対決は最高潮に達した。次の何日かで少しずつ、レモンはタイム差を縮めていった。そして七月二十日、アルプス越えの最初のステージがイノーの命とりとなる。ふくらはぎの痛みのせいか走りが鈍く、イゾアール峠の下りでレモンに完敗した。王座を明けわたし、宿敵の仲間に黄金色のジャージをゆずるほかない。ゴール地セール・シュヴァリエで、イノーと二分四十七秒差で首位に立ったレモンは、マイヨ・ジョーヌに袖を通した（のみならずツールで優勝した）初めてのアメリカ人となる〔第一七ステージ〕。

そして和平が成立した。演出された和平だ。タピはそういうことが好きだった。ぶっちぎりで先頭に立ったイノーとレモンは、追撃を気にすることもなく、ラルプ・デュエーズの登りにかかる。笑ったり、肩をたたいたり、うらみつらみはどこへやら、といった風情だった。昨日までいがみあっていた二人は、手に手をとってゴールラインを越えた。

チーム監督

来る日も来る日も、選手たちと同じコースを走り、同じ登りを駆けあがり、同じ下りを駆けおりる。ただし、からだは直後をついていく自動車のなかだ。ちまたのボスと同じように、命令や激励、アドバイスを各人に与える。それがチーム監督の役目だ。どう動くべきかを決め、戦略を立てる。レース中、力抜けしてきた選手たちに飲食物を補給する。メカにトラブルがあれば、後部座席のメカニシャンといっしょにすっ飛んでいく。自分でペダルを漕ぐわけではないものの、選手を勝利に導いたと言っていいような監督もいる。たとえばシリル・ギマールだ。勘とセンスにすぐれ、毎年チームのなかから総合優勝を出した名将として知られる。ラファエル・ジェミニアーニとジャック・アンクティル、ヨハン・ブルイネールとランス・アームストロングも、一心同体のようなコンビだった。

一九九〇年前半に無線機が登場すると、離れていても指示が出せ、レースの指揮が非常にとりやすくなった。その反面、選手がリモコンで動かされているみたいなところもある。

監督の仕事はそれだけではない。もしマネージャーも兼ねていれば、つまり経営面もになっていれば、参加するレースを選び、だれを出場させるかを考える。選手のトレーニングメニューをつくり、契約更新するかどうかを決めるのも監督だ。営業マンに変身することもある。スポンサーとの契約が切れた場合には、新しいパートナー探しが必要になるからだ。すんなり見つかるとはかぎらない。なにしろツールのチームにかかる費用は、一シーズンあたり六〇〇万から一五〇〇万ユーロもするのだから。

一九八六年——五輪選手の出走

すでに金色の光につつまれていながら、アルプスの山中に新たなオリンポスが見えたのだろうか。エリック・ハイデンは一九八〇年、二十一歳にしてレーク・プラシッド冬季オリンピックで五冠に輝いた。五〇〇メートルから一万メートルまでのスピードスケート全種目をどれも大会新記録で制覇したのだ。この長身のアメリカ人は、ひとつの大会で五つの金メダルという五輪史上初の快挙を成しとげた。それ以上なにを望むことがあるだろうか。

ところが彼には、もうひとつ夢があった。オリンピックに比べればつつましい夢、ツール・ド・フランスだ。目的はさすがに、勝つというより完走することだ。この「レースの中のレース」を「やりとげたんだよ」と、子供や孫に話して聞かせるために。

一九八六年、二十八歳のハイデンは、初参加のアメリカ・チーム、セブン‐イレブンの一員としてツールにやってきた。彼らは強烈な印象を残していった。まずアレックス・スティーダが北米人で初めてマイヨ・ジョーヌをまとう。次いでデーヴィス・フィニーがステージ優勝を果たした最初のアメリカ人となる。十日後にグレッグ・レモンが二人目となる。総合優勝も勝ちとるが、所属チームはここではない。さて、エリックはどうだったか。懸命にペースについていこうとした。アスファルトは氷のトラックとは大違いで、アルプスはオリンポスに比べてつれなかった。あと五日というところで、ラルプ・デュエーズに向かう第一八ステージで落車した。疲れきって、アスファルトにめりこんだかのようだった。救急車にかつぎこまれた。でも、ツール・ド・フランスの場合だって、参加することに意義があるのはきっと同じだ。

一九八九年——からっぽのスタート台

あいつはどこだ。なにをやっているんだ。プロローグのスタート台はからっぽだった。審判はカウントダウンを始め、スタートの号令をかけるほかなかったが、当の選手の姿はない。貴重な一秒一秒が風のなかに散っていく。失った時間は当然ながら、どんな俊足をもってしても取り戻せない。審判は肩をすくめた。さっぱりわからん。今年のツールの優勝候補は、いったいどこに消えてしまったのか。グラン・デパールなのに、前年の覇者が行方不明だなんて。プロローグの七・八キロ、ルクセンブルクのコース上にとっくにいるはずの時間になって、ペドロ・デルガードは群衆をかき分けながら現われた。自転車を駆り、降りてひっつかみ、動転しながらスタート台へ急ぐ。必死の形相だ。

人混みと喧噪を逃れて、裏通りでウォーミングアップしていた。それで時間が経つのに気づかなかった。一漕ぎもしないまま、二分四十秒を失っていた。前回の王者、二十九歳のデルガードは、プロローグで最下位に甘んじた。トップのオランダ人、エリック・ブルーキンクとは二分五十四秒の差だ。前代未聞のことだった。
それでも、このスペイン男は総合でレモン、フィニョンに次ぐ三位に入っている。レモンとの差は三分三十四秒だった。最後列が最前列になるという逆転は、デルガードの身の上には起こらなかった〔現世で最後列にいた者たちが神の国では最前列に置かれる、というイエスの説教を踏まえている〕。

ミゲル・インドゥライン（一九六四年〜）

焼けつくような太陽のもと、バスク地方の実家の畑で働いた。そんな子供時代が農家に特有のがまん強さをはぐくんだ。自然にまかせれば豊作になる。機が熟すのを待とうじゃないか。スペイン人選手、ミゲル・インドゥラインのツール初勝利は一九九一年、もう七度目の参加で二十七歳になっていた。ジャック・アンクティルやエディ・メルクス、ベルナール・イノーが初陣で優勝したのとは大違いだ。でも、その三人と同じように、数少ないツール五勝クラブの一員となった。しかも、史上初の五連覇だ。

インドゥラインの時代は、一九八〇年代のスペインの王者ペドロ・デルガードのかげで、着々と準備されていた。ツール初参加の一九八五年、まだ第四ステージという時点で、リタイアをチームから求められた。将来の芽をつぶさないためだ。二回目もリタイアを強いられた。インドゥラインはもちろん反発したが、収穫期の農場で親父が待っているぞ、と言われてしまう。彼は上には逆らわない性格だった。父親ならなおさらだ、インドゥラインはツールをあとにした。広い肩幅、一八八センチの大柄なからだ、真っ黒な髪に、もじゃもじゃの眉毛。人をあごで使えそうな外見だ。なのに、伏し目がちで、相手の目をまともに見られない。自信なげにほほえみ、聞きとれないような小声でしゃべる。偉丈夫の見かけとはうらはらに、ものすごく気が弱かった。これほど内気な男もなかなかいない。自分がやたらに騒がれていることが、まったく理解できなかった。チームメイトのジャン＝フランソワ・ベルナールがこんなことを言っていたほどだ。「テーブルに着くときに、いすの音さえしないんだ。」

それが一転、自転車にまたがると、とほうもない力強さを発揮する。まさにマシーンだ。レース運びはいつも同じだった。彼に反感をもつ連中に言わせれば、いつも同じようにつまらない走りだ。最初のタイムトライアルでガツンとお見舞いし、あとは手堅くコントロールする。ライバルたちに楽々ついていくだけで、向こうがカチコチになってくれる。関心があるのは総合優勝だけだ。ステージ優勝や、単独の逃げ、派手な見せ場は眼中にない。科学がつくりだしたロボットのようだった。その世話をやいたドクターが、いかがわしくも高名なサビーノ・パディージャだ。ローラン・フィニョンに言わせれば疑問の余地はない。インドゥラインはＥＰＯを使っていたはずだ。ただし、本人が告白したことはない。

一九九六年まではとてもうまくいっていた。ところが、この年のレ・ザルクの登りで、急にガタガタに崩れてしまう。インドゥライン三十二歳、どこまでも不可解な男の最後のツールとなった。「なにが彼を走らせていたのか、結局よくわからない。」ずっと監督だったホセ＝ミゲル・エチャバリが、そんなふうに言ったことがある。インドゥラインは去っていった。自分が圧倒的な強さで君臨していながら、自分にはいまひとつ理解できない世界を。「登っておいて、また下る。どうしてそんなことをしなきゃいけないんだ。いつも疑問に思ってた。」

レースの戦略

ぱっと見はいたって単純だ。一等で着けばいいだけだ。でも、もしもたまたま、予備知識ゼロでツールの中継を見はじめたとしたら、わけのわからない決まりやルールがあるらしいことに気づく。それでバカ正直に、エキスパートに説明を頼んでみたところで、返事はまずもらえない。「自転車レースほど単純なものはないよ」と言われるのがオチだ。

専門家はよく、自転車競技は「チーム単位で行なう個人スポーツだ」という言い方をする。勝つのはひとりだが、チームメイトのアシストがなければむずかしい。いや、不可能かもしれない。アシストたちが風よけになり、サポートカーから飲食物を取ってきてやる。逃げ集団を追撃して、エースがむだに力を使わず、後ろを楽についてこれるようにする。ときにはライバルチームとも協力する。ただし、その場かぎりのことでしかない。利害が一致するか対立するかは日ごとに変わる。パリでの表彰をめざす者もいれば、ステージ優勝にねらいを定めた者もいる。スポンサー名をテレビに大写しにすることに目標をしぼり、息切れを承知で「広告用の逃げ」を始めるやつもいる。そうきつくない平坦ステージで、毎度のようなお定まりのパターンはこうだ。数人の集団が逃げはじめる。マイヨ・ジョーヌのチームは容認するが、あまり距離を広げないよう、メイン集団の先頭で適当なペースをキープしておく。ゴールの数十キロ手前あたりから、スプリンターたちが本気を出して、逃げていた連中を直前で抜き去る。

といった危なげないレース運びは、山岳ステージではもちろん吹っ飛ぶ。各チームのエースが孤立して、チームメイトのアシストなしに競いあう展開が多い。ほかの選手たちは後ろのほう、ずっと後ろのほうで、先頭集団にあまりおくれないよう、タイムアウトにならないよう必死に走る。後方の選手たちは、グルペットと呼ばれる集団になって力を合わせる。目標は、みんなで生き延びてツールを続行することだ。三週間のレースのなかで唯一、選手たちの目標が完全に一致する瞬間だ。

無線機の席捲

あの端末のせいで、ツール・ド・フランスから波乱が消えた。そんな非難がここ二十年ほど、かまびすしくなってきた。古きよきツールのファンは言う。無線機のせいでレースがパターン化した。その後の世代は自主性のないロボット選手ばかりだ。ツールは毒気が抜けて、つまらないもの、先が読めるものになってしまった。

アメリカのメーカー、モトローラの無線機が導入されたのは、一九九〇年代初めのことだ。監督と選手をつなぐ道具として、またたく間に普及した。賛成派の言い分はこうだ。選手の安全を確保できるようになった。危険があれば警告し、気象条件はじめ、レースの状況を知らせてやれる。リアルタイムで戦術を調整できるのも、無線機があればこそだ。

でも、すぐに反則的な使い方もされるようになった。あのうさんくさい監督のマノロ・サイスは、ライバルチームの無線を盗聴して、戦略を探ろうとした。疑惑の的になった医師、ミケーレ・フェラーリとランス・アームストロングは、レース中に無線でじかに連絡を取りあった。

二〇〇九年のツールでは、二つのステージでUCIが無線を禁止しようとした。が、二〇チームのうち一四チームの監督が反発し、第一〇ステージを実質的にボイコットした。UCIはこのときは軟化の姿勢を見せたものの、無線禁止をあきらめなかった。すでにジュニアと二十三歳未満の大会では禁止されており、二〇一四年にはツールでも無線が封じられるかもしれない〔主催者ウェブサイトには特記なし〕。

UCIの見解は次のとおりだ。自転車レースの存亡がかかっている。無線が勝敗に影響していると して、利用に難色を示す国際オリンピック委員会（IOC）が、自転車レースの種目除外をほのめかしている。それに、無線をやめれば選手たちが本能を取り戻し、いつも似たような展開ということもなくなる。もうひとつ、賭けを牽制して、八百長レースをなくすこともできる。そうはいうものの、選手たちのなかでさえ、無線禁止にもろてで賛同といった状況にはほど遠い。

一九九一年──クレイジーなスプリンター

ツール・ド・フランスのスプリント集団が近づいたときのシーンはいつも同じだ。騒々しく、猛々しく、汗と血が流れている。涙は流れていない。そんなものは野郎どもに似あわない。シャンゼリゼ、一九九一年。スプリントの先頭を切るのは、頭をかがめ、脚をフル回転させたソ連選手、ジャモリディン・アブドゥヤパロフ。今回三つ目のステージ優勝へとまっしぐらだ。ところが、あと一〇〇メートルのところで斜めにそれて、コカ・コーラの広告の入ったフェンスに激突する。宙返りして落ちてきたところに、二人の選手に跳ね飛ばされ、路上に倒れこんだ。激しく打ちつけられたせいで、外傷性脳損傷を起こし、鎖骨が折れ、顔に裂傷を負った。

スプリンターはプロトンのなかで異彩を放つ存在だ。危険をかえりみない「命知らず」たちは、時速六〇キロを超えるスピードを出しながら、わずか数センチ間隔で突っ走る。斧で割ったような顔をして、よほどでなければ笑わない「アブドゥ」は、彼らのなかでも異彩を放っていた。肘を開き、頭をかがめてスプリントを始めると、特大サイズの腿が炸裂し、直進することができなくなる。周りは眼中からかき消えて、倒してもいいボウリングのピンぐらいにしか思わない。ガラの悪いヤバいやつ、とライバルたちは言っていた。プライベートではチャーミングで繊細だという話で、ハトの飼育が隠れた趣味だ。それが自転車にまたがると人が変わる。

シャンゼリゼから五〇〇〇キロ、現在はウズベキスタンの首都になっているソ連のタシケントが、彼の気質をはぐくんだにちがいない。貧しいトラック運転手の息子に生まれ、乗りはじめた自転車は古い部品の寄せ集めだった。プロになったのも一九八九年、二十五歳と遅い。共産圏が開放政策を取りはじめた時期だ。それから長いあいだ、プロトン唯一のイスラム教徒として知られた「アブドゥ」は、異能の道を走りつづけた。勝ってやるという気合いがハンパじゃない。一九九六年のツールでは、ゴール地テュルの急坂を単独で逃げきって、観衆をあぜんとさせた。のちに、気合いの源がもうひとつ判明した。尿から検出されたアンフェタミンと筋肉増強剤だ。

一九九三年――市民選手の出走

まさに子供のときに夢みたことだ。一日がかりでツールの選手たちと同じルートを走る。自動車を通行止めにした下り坂を全速力で駆けおりる。伝説の峠で踏んばりを見せ、世界最大のレースのプロトンの一員になった気分になる。汗をしたたらせ、苦しみにもだえ、メルクスやイノーを気どってみる。

ツール・ド・フランスの主催者は一九九三年に、どこのだれでも参加できる「レタップ・デュ・ツール」(1)を初めて企画した。ルートは数日後にプロが走るのと同じ、タルブからポーまでだ。アマチュアのレースとはいえ、全長一九〇キロにおよぶ。トゥルマレ峠を登りつめても、スロール峠が待ちかまえ、最後にオビスク峠がひかえている。一九九三年七月二十日、ピレネーの峠に挑むために、およそ一七〇〇人が集まった。強烈に引きしまったからだもあれば、たぷたぷのお腹や、もじゃもじゃのすね毛もあった。レタップ・デュ・ツールは大成功をおさめ、以後は毎年恒例となる。参加者が一万人規模になることもある。ときにはアメリカ人グレッグ・レモンや、スペイン人ミゲル・インドゥラインなど、かつての王者がアマチュアのプロトンに交じり、往時の快勝の地をたどることもある。

(1)「エタップ」は「ステージ」の意味で、その単数形に定冠詞がついているので、「THE ツールのステージ」といったニュ

無名のプロトンのなかには、クリストフ・リネロのあとに続くことを夢みる者もいる。一九九三年、まだ二十歳にもなっていないときに、レタップで優勝した青年だ。彼は五年後、シャンゼリゼのポディウムに立ち、山岳賞のジャージを受け取った。総合でも四位に入っている。今度は本物のツールでのことだ。

一九九五年――カーブの死亡事故

大量の血が流れていた。生気のない死体の脇をツールの行進が続いていく。見るにたえない光景だ。犬がひき殺されてでもいるかのように、選手の亡骸《なきがら》の脇を自動車が次々に通り過ぎる。レースは続行されていた。いったいなにが起きたのか。

一九九五年七月十八日、サン・ジロン～コトレ、二〇六キロの第一五ステージ、三四キロ地点。名うてのポルテ・ダスペ峠のカーブで、埃の立ったアスファルトの上に、ファビオ・カサルテッリが胎児の姿勢で横たわっていた。ほかにも何人かが倒れていた。この恐るべき下り坂で、絡みあって落車したのだった。イタリア人選手の頭部は、アスファルトの路面に打ちつけられて砕けていた。その横には、自動車の転落防止用のコンクリートブロックがあった。彼はヘルメットをかぶっていなかった。当時はまだ装着が義務づけられていなかったのだ。

二十五歳の誕生日が目前だったファビオは、バルセロナ五輪の金メダリストで、プロとしても父親としてもまだこれからの美男子だった。輝かしい将来が約束されていたはずだった。翌日のステージでは、勝負は見あわせになった。その二日後、七月二十一日の第一八ステージは、「もうひとりのため」に走った二十三歳のチームメイトが勝ちとった。ランス・アームストロングという名の青年だ。「いつも笑顔のおしゃべりなやつ」に勝利をささげながら、両手の人さし指を天に向けてゴールを切った。

汗の報酬

ツール・ド・フランスのプロトンは、ひとつのミニチュア社会だ。大富豪も中間層も労働者もいる。優勝経験があり、次もチャンスをねらえるようなら、税込み年俸が四〇〇万〜五〇〇万ユーロに達する選手もいる。その下は、総合一〇位に入賞したことがあるか、ステージ優勝を経験している俊英で、月に二万五〇〇〇〜七万ユーロぐらいはいく。最後はその他おおぜいで、一花咲かせようと夢みる者もいれば、エースのアシストに徹する者もいる。だいたい月に四五〇〇〜一万二〇〇〇ユーロもらっているが、賃金ダンピング防止のために、UCIが定めた最低基準がある。頂点に立つ「プロ・ツアー」クラスの一八チームで三〇二五ユーロ、その次の「プロ・コンチネンタル」クラスで二五二〇ユーロだ〔二〇一三〜二〇一四年に関する規定〕。

以上の金額に加え、ツールでは成績に応じて、総額二〇〇万ユーロあまりの賞金が出る。総合優勝なら四五万ユーロ、ステージ優勝だと八〇〇〇ユーロ、山岳賞とポイント賞が二万五〇〇〇ユーロ、総合五〇位で五〇〇ユーロ、ランテルヌ・ルージュに四〇〇ユーロ、といった具合だ。ただし、賞金がそのまま選手のふところに入るわけではない。チームメイト全員で分けあい、スタッフにも配当する慣行があるからだ。

一九九六年——血液ドーピングゆえの楽勝

からかうような、小バカにしたような調子。おちょくられたライバルたちは、ころころ転がる毛糸玉をつかまえようとする子ネコのように、われを忘れてかっとなる。毛糸の端を振っているのがビャルネ・リースだ。あと何キロかになったところで、先頭集団の後ろにするっと入りこむ。闘志満々というよりも遊び半分だ。追いついて、ペースを上げ、今度は下げてまた上げて、ふたたび減速してから加速して、も一度ゆるめて、といった調子だ。

存分に笑いころげると、あとはダンシングで飛びだしていく。オタカムの過酷な登り坂、勾配八パーセントの最後の七キロも、彼には散歩のようなものだった。黄色の「ワシ」は楽々と、あまりに楽々と走っていた。その後ろでは、激しい日射しのもと、フランス人のリシャール・ヴィランクらが先頭交代しながら、つるつるアタマを追撃する。ツール五勝のスペイン人、ミゲル・インドゥラインの六勝の可能性は、ここの登り坂で葬り去られた。

アジャン〜ルルド・オタカム、一九九キロの第一六ステージは、デンマーク男の圧勝だった。マイヨ・ジョーヌの選手がマスドスタート・ステージ〔ひとりずつ順次スタートするのではなく、全員が一斉にスタートするステージ」を制したのは、一九八九年のローラン・フィニョン以来のことだ。一九九六年のツール総合優勝は、三十二歳のリースが手に入れた。だが、一九九〇年代はエリスロポエチンの時代でもある。以前にリースのドクターだったミケーレ・フェラーリの言い分によれば、「一〇リットルのオレンジジュース」ほどの危険もないEPOのことだ。

一九九六年のツールでの楽勝は、要は見かけだましにすぎなかった。二〇〇七年にドーピングを告白したが、後悔の色はまったくない。自分に「才能」があればこそ勝てたのだ。ドーピングは「自転車選手にとって日常の一部だった」のだから。そして、こうも言う。「清廉潔白に勝ちとったわけではないとしても、自分の戦績を誇りに思っていますよ。」

ツールの優勝記録はいったん抹消され、ドーピングを告白したというただし書きつきで、翌年に回復された。

リースは「六〇パーセント氏」というニックネームをたてまつられた。ヘマトクリット値〔血液中に占める血球成分の体積比〕が五〇パーセントを超えていたからだ。かつてのマッサージャーのひとりによれば、六四パーセントにものぼり、「粘りけのあるシロップのように濃厚な血液」だったという。現在は、ツール上位常連チームのオーナーとなっている。これまでに指導した選手には、イタリア人イヴァン・バッソ、スペイン人アルベルト・コンタドール、〔前出の〕フランク・シュレクなどがいて、いずれもドーピングで出場停止になったことがある。これまた「才能」ありきということか。

一九九八年――フェスティナ事件

この年のツール開幕地、アイルランドの首都ダブリンのような魅力は、県道七八号が走るノール県ヌヴィ・ラン・フェランには皆無だった。ところが事実上のスタートがここ、ベルギー国境から二〇〇メートルの地点で切られている。公式の開幕の三日前のことだ。

七月八日水曜日、午前六時三十五分。四人の税関検査官がフェスティナ・チームの自動車に停止を命じた。この道路はよく麻薬の密輸に使われるからだ。停められたのは、そんじょそこらの車ではない。人気沸騰のリシャール・ヴィランクを擁する世界最強チームの車だ。そして、とんでもない荷物を積んでいた。四〇〇本のアンプルだ。EPOと成長ホルモンが大部分だが、テストステロンや輸血キットもあった。運転席にいたウィリー・ヴートは「マッサージャー」だと名乗り、それらの用途を手短に説明した。フェスティナの選手のドーピングである。一週間後、その証言を監督のブリュノ・ルセルも裏づけた。そのとおり、組織的にドーピングをやってきました。ほかのチームと互角の装備で闘うためです。もし選手がひとりでコソコソやっていたら、健康をそこねるリスクが高くなりますから。これらの証言を受け、主催者はフェスティナの選手九名を出走停止処分にした。ヴィランクは大泣きに泣いた。

腐った枝は切り落とされた。これでツールは不祥事を片づけたつもりだった。だが、そうは問屋がおろさない。毒は自転車界全体に回っていたからだ。七月二十四日、スタート地のタラスコン・シュ・ラリエージュで、選手たちが二時間にわたって座りこみをする。ドーピングのことばかりでスポーツの話をしないメディアに抗議するためだ。「畜生みたいにあつかわれるから、畜生みたいにふるまってやるよ」とフランス人のチャンピオン、ローラン・ジャラベールが言い放つ〔第一二ステージ〕。その四日後、アルベールヴィルがゴールのステージの晩、今度はオランダのチームTVMが宿泊していた部屋が家宅捜索を受けた。税関検査でEPOが見つかったせいだ。翌日はレースにならなかった。マイヨ・ジョーヌのマルコ・パンターニはこれ見よがしにゼッケンを外した。ジャラベールは途中で棄権して、テレビカメラの前でチョコアイスバーをほおばってみせた。事態はさらに急激に展開する。その晩、三つのチームの部屋に警察がなだれこんだ。フェスティナの選手たちが、過去の在籍チームの内情を語ったからだ。最優秀クライマーだったカジノ所属のロドルフォ・マッシも、薬物ディーラーの嫌疑がかかって捜査官に連行された。多くのチームが警察の手入れに抗議して、あるいは予防線を張るために、レース途中で引き揚げることになる。

ツールがなんとかパリまでたどり着いたとき、主催者は胸をなでおろした。とはいえ、二一チーム一八九人で始まったレースが、シャンゼリゼでは一四チーム九六人というありさまだ。ツールはもはや巨大な残骸と化していた。

リシャール・ヴィランク（一九六九年〜）

引退して十年近く経つし、どこまでも不祥事（と嘘）のイメージがつきまとった。それでもやはり、リシャール・ヴィランクはツールの花形のひとりだ。スタート地やゴール地でサインを求める列を見るがいい。「リシャァァァァァル」と声を張りあげる様子は、かつて沿道で悲鳴を上げ、声帯をつぶした現役時代のファンと変わらない。ツールで存在感を発揮するようなフランスの名選手は、ヴィランクのあとは出ていない。それがいまだに衰えない人気の理由だろう。

峠と見れば片端から食らいつき、山岳賞の赤玉ジャージを七度かっさらっている（一九九四年、九五年、九六年、九七年、九九年、二〇〇三年、〇四年）。ステージ優勝も七回だ。シャンゼリゼのポディウムには二度、一九九六年は三位、九七年は二位でのぼった。初参加の一九九二年のときから光っていた。早くも第三ステージで、一日だけだがマイヨ・ジョーヌを着用したのだ。努力を惜しまず、決して途中であきらめない。その一方で、芸能人みたいな派手な一面を隠そうとしなかった。

一九九二年から二〇〇四年まで、参加したツールはすべて完走し、二五位以内に入っている。一度だけ例外がある。一九九八年、フェスティナ・チームが七月十七日に強制退場になった年だ。でもヴィランクは、監督ルセルの告白にもかかわらず、自分はやっていないと否認した。翌日には、チームに対する処分は不当だと抗議して、第七ステージのタイムトライアルに出ようとする。拒否されて、ゴール地コレーズ・ラ・ガールに直行する。報道陣を前にして自転車を置き、自分は「あの一件とは無関係です」と真顔で言いきった。それから「シェ・ジルー」で号泣し（このバーはのちにツールの伝説の地のひとつとなる）、あの鼻にかかった声でタンカを切った。「おれたちは帰るよ。というわけで、ツール一九九八年よ、達者でな。（……）来年また会おうぜ。」真意はどこにあったのか。

二〇〇〇年十月二十四日、フェスティナ裁判が開廷されて二日目に、リール裁判所のダニエル・ドルゴーヴ裁判長はヴィランクにこう質問した。「ドーピング剤を使用していたことを認めますか。」彼はとうとう「はい」と答えた。「今の告白は立派です」と裁判長は述べた。「もっと早く認めてくれればよかったのですけどね。これで鏡のなかの自分の姿をふたたび直視できるようになりますよ。」「鏡のなかの自分の姿を直視できなかったことはありません」とリシャールは返した。「スポーツに関してイカサマをしたことはありません。私は断じてイカサマ師ではありませんでした。」そして、例のアバウトな言葉づかいで釈明をこころみた。「動いている電車があって、飛び降りるとすれば、フランスの法律が後ろに来ていたんです。」一年間の出場停止処分を受け、二〇〇一年のツールは不参加となった。

彼は今でも人気者で、その法廷での弁護は《ギニョル・ド・ランフォ》(1)のいいネタになっている。ヴィランク人形の決めゼリフは「じゃあさあ、フェスティナではみんなボクに嘘ついてたってことなのかな」。一連のフレーズは大流行して、本人が「好きこのんで知らないうちに(2)」知名度の維持に一役かっている。

(1)「ニュース人形劇」という意味で、有名人をデフォルメした人形があることないことをしゃべる、という形式の諷刺番組〔訳注〕。

(2) 意味がおおよそ真逆の二つの成句「à mon insu」と「de mon plein gré」を混線させたヴィランクの言葉づかいをちゃかしている〔訳注〕。

二〇〇三年――驚異のショートカット

振り向けば、二本の矢。土埃でもうもうとしたラ・ロシェットの坂道を風のように駆けおりてくる。

追われているのは独走中のカザフ人、アレクサンドル・ヴィノクロフだ。急カーブの手前で、ヨシェバ・ベロキが後輪をとられ、スペイン人選手はアスファルト上に投げだされた。苦痛にあえぐ男の直後にいたもうひとりの追撃者は、まるでなにごともなかったこのように平然とカーブを、じゃなくて直進した。憲兵の脇をかすめ、ぼこぼこのセピア色の原っぱを横断していく。五〇メートルほどマウンテン・バイクの演技を披露してから、停まってバイクをかかえ、溝をまたいで下りコースに合流した。二〇〇三年七月十四日、ル・ブール・ドワザン～ガップ、一八四・五キロの途中、マイヨ・ジョーヌは驚異の反射神経で二人の命を救った。ベロキの命と自分の命だ〔第九ステージ〕。

ランス・アームストロング（一九七一年～）

その青い水晶のひとみと同じぐらい冷たく凍てついている。メスで削ぎ落としたような顔とからだで、外科医の精密さをもってレースに臨む。やばい医師たちのバックアップで、勝利のために調整された男。敗北という選択肢はない。そして嘘がもはや習い性になっている。

彼のストーリーには、よくできたハリウッドのシナリオの要素がてんこ盛りだ。父親に捨てられたテキサスの少年が、落ち着ける場所はオースティンの路上だった。一九九三年にロード世界選手権でチャンピオンになったあと、精巣がんと闘って死の淵から生還する。一九九九年から二〇〇五年までツール・ド・フランス七連覇。生きる伝説となり、いずれはホワイトハウスの主とも言われていたが、たどり着いた先は、落ちた王たちの墓場だった。同じアメリカ人でツール三勝のグレッグ・レモンの言葉によれば、それはスポーツ史上最大の「インチキ」だった。アームストロングがスポーツ界でやったのは、金融界でバーナード・マドフがやったのと同じことだ。多くの人びとが疑おうとしなかった詐欺行為。

最初のころは、彼の笑顔に偽りはないと（ほとんど）だれもが思っていた。走るのが楽しくてしかたのない小僧に見えた。自転車競技界に感動を呼びおこしたことさえある。数日前に危険な下り坂、難所のポルテ・ダスペ峠で落命した「友」ファビオ・カサルテッリに、リモージュでのステージ優勝をささげたときだ。一九九五年のことだった。外づらだけの思いやりはじきに、アスファルトの鬼という本性のかげにかすんでいく。

一九九九年に初優勝をとげるまで、このアメリカ人はそれほど嫌われていたわけでもない。むしろ精巣がんを克服した選手として、賞賛の目で見られていたほどだ。彼はアメリカが愛し、アメリカが生みだすタイプの国民的英雄だった。ところが、一九九九年のツールの最中に、コルチコイドの陽性反応が出たことを『ル・モンド』がすっぱ抜いた。それに対して、フランスの新聞がねたんでいるだけで、幼稚な反米主義の兆候だという反発が起きた。数日後、UCIは日付の古すぎる診断書を受理して、この新たな世界的シンボルへの疑惑を否定する。

疑惑のただなかで彼はプロトンの「ボス」におさまった。アームストロングは変わった。一九九三年に初参加でステージ一勝をあげた青年とはもはや別人だ。タイムトライアルは圧勝だった。七月十三日のアルプス越え、セストリエーレがゴールのステージも、数年前はまだ「鉄道橋ひとつ登れなかった」彼が制した〔第九ステージ〕。アームストロングの突然の快進撃に、プロトンはむかつきながらも押し黙った。それは新しい親分への忠誠のしるしだった。おきてに逆らう者はほとんどいなかった。文句を言うなら敵に回すはめになる。それを思い知らされたのがクリストフ・バソンだ。このフランス人選手は服従を拒否して、レースの真っ最中にアームストロング本人からぐさりとやられた。「行っちまいやがれ。」バソンはこの救いようがないツールを棄権することに決めた。(1)

（1）二人は二〇一三年十二月、ドーピング問題に関するUCIの対応を批判している団体の仲介により、シャンゼリゼで和解の会談を行なった〔訳注〕。

さえないフィリッポ・シメオーニの例もある。二〇〇四年のツールでのことだ。第一八ステージで、このイタリア人は逃げをこころみた。だがマイヨ・ジョーヌのアメリカ人は、なんの脅威にもならなかったシメオーニを追撃してとらえた。いったい彼がなにをしたというのか。告白のせいだ。ドクターのミケーレ・フェラーリから処方されて、EPOドーピングをしていたことを自国の法廷で証言したせいだ。フェラーリとアームストロングは密接な関係だった。

力ずくで偉そうにツールを蹴ちらしたテキサス男は、フランスの観衆から忌み嫌われた。

二〇〇五年、彼はツール七勝をもって引退する。その直後に『レキップ』のスクープが出た。一九九九年の初勝利のときのツールで採取された彼の尿に、EPOの形跡があったという。アームストロングは一笑に付した。あいかわらずハリウッドの友人たちとビールを飲んだり、プライベート・ジェットで世界中を講演に回ったりしていた。がんの生存者として、この問題を自分の財団リヴストロングを通じて訴える講演だ。財団にはチームのスポンサー、ナイキが多額の資金を提供していた。

その一年後にダラスの裁判所で、一九九二年から二〇〇〇年までチームメイトだったフランキー・アンドリューが、その妻ベッツィとともに宣誓証言を行なった。彼らが語ったのは、一九九六年十月二十八日にインディアナポリスの病院で目撃した驚愕の事実だ。手術直後のアームストロングに、ドーピング剤を過去に使用したことがあるかと医師が尋ねた。術後の治療手順を考えるためだ。アンドリュー夫妻によれば、患者はイエスと答えた。EPO、成長ホルモン、筋肉増強剤、テストステロン。

それでもバラ色の引退生活は続き、さらには現役復帰までする。二〇〇九年のカムバックは注目を集め、「ふたたび希望が走りだす」という文字がカリフォルニアの道路におどった。ツールにも戻ってきたが、マシーンから人間に変わって勝てなくなっていて、今度はフランス人も好意的に迎えた。七月七日のモンペリエでは、〇・二二秒差でマイヨ・ジョーヌを逃す。かつて八十三日間着用した黄色のジャージを身につけることは二度となかった。チームメイトのアルベルト・コンタドールと闘ったはてに、総合三位でポディウムにのぼっている。翌二〇一〇年、最後となった一三回目のツールでは、疲労の色を見せ、神経をたかぶらせ、落車を重ねた。結果は二三位。

自転車競技は引退したが、スポーツは引退しなかった。トライアスロンの選手となり、ハイレベルの成績をあげた。とはいえ、この第二の人生にもすぐに影がさす。かつてのチームメイト、フロイド・ランディスの発言のせいだ。自分に輸血とEPOを手ほどきしたのはアームストロングだと明言したのだ。連邦機関の調査が始まった。捜査官はジェフ・ノヴィツキー、短距離走のスターだったマリオン・ジョーンズの薬物使用を明らかにした実績がある。アームストロング事件について二年がかりで捜査を続け、彼がチームメイトとの共謀のもとに、スポンサーのUSポスタルをあざむいて、秘密のドーピングプログラムを実施していたことを立証しようとした。捜査で集まった証拠は、公判を維持するには足りなかったが、全米ドーピング防止機関（USADA）にとっては充分だった。アームストロングに対する懲戒手続きが開始される。

鉄槌が下されたのは二〇一二年十月のことだ。一〇〇〇ページにおよぶUSADAの文書は、一一人の元チームメイトを含む二六人の証言を記し、「L・A」を親玉とする闇のシステムを詳述した。「USポスタルが、スポーツ史上で最も完成され、最もプロフェッショナルで、最も効果的なドーピングプログラムを実施したことは、これらの証拠によって疑問の余地なく示されている。」USADAは宣告した。一九九八年八月一日以降の全記録から、アームストロングの名を抹消すべし。スポーツ界から永久追放処分とすべし。

これまで彼を守ってきたUCIでさえ、USADAの結論を尊重せざるをえず、ツール七勝の記録を抹消した。ほんの数か月前には考えられなかったことだ。ツール・ド・フランスは七年分の勝者を失った。繰りあげにするわけにもいかない。その次の選手たちもドーピング事件に関与していたからだ。

アームストロングは明らかな事実に対して弁明しようとはしなかった。五人の子供を育て、ハワイの浜辺で静かに自転車に乗っているほうがよかった。だが、ついた嘘が消え去るはずもない。二〇一三年一月にアメリカのテレビで、ドーピングをやっていたこと、みなをだましていたことをついに認め、(1)

人びとをあぜんとさせた。「イエス、イエス、イエスだ。ぼくのカクテルはＥＰＯ、輸血、テストステロンだった。」「ノー」と答えたのは、ドーピングなしでもツールで勝てたと思うかと質問されたときだ。「ドーピングは仕事の一部だった。釈明しようとは思わない。実際そういうものだったんだから。」ちょっと涙ぐみもした。ランスの言葉は本物だったのだろうか。

（1）インタビュアーは大物司会者のオプラ・ウィンフリー。続く発言の引用部分は切り貼り構成になっている〔訳注〕。

かつてのスポンサーたちは、まんまといっぱい食わされたことに対して、彼に数百万ドルを請求している。収監される可能性もなくはない。二〇〇五年にダラスの裁判所で、ドーピングをしたことはないと宣誓証言しているからだ。四十歳を超えたランス・アームストロングが、偽証罪に問われ、あのまなざしと同じぐらい凍てついた独房に入る日が来るかもしれない。

二〇〇六年——四日天下の総合優勝

「奇跡なんてないさ。」そう、彼が手にした二〇〇六年のツール総合優勝に「奇跡なんてないさ」。生まれ育ったメノー派の家庭は聖霊の力を信じていた。彼は自分の筋肉を信じていた。テストステロンも信じていた。ボディウムの最上段に八年連続で星条旗が揚げられる。一九九九年から二〇〇五年のアームストロングの七回の「勝利」に続き、同じチームからスイスのフォナックに移籍して、エースとなったアメリカ人フロイド・ランディスが、世界最高峰のレースで優勝を果たしたのだ。

噂が始まった。いつもの噂だ。それはすぐに真実となった。ギロチンが落ちたのは、パリのフィニッシュの四日後のこと、陽性反応が出た。七月二十日、サン・ジャン・ド・モリエンヌ〜モルジーヌ、二〇〇五キロの第一七ステージ後の検体だ。陽性が出た者はみんなそうだが、フロイド・ランディスも自分は誓って潔白だと言いはった。

「奇跡なんてないさ。」まさに、この第一七ステージでの圧勝後のコメントだった。猛然と巻き返しをはかり、一三〇キロを単独で逃げて、ライバルたちより六分も先にゴールしてのけた。その前日に、ラ・トゥシュイール峠でハンガー・ノック〔「自転車ミニ用語集」の項を参照〕に襲われ、総合首位から一気に転落し、絶望視されていたのと同じ男とは思えなかった。

三十歳のアメリカ男は、嘘を嘘で塗りかためていく。結婚生活も〔二〇〇万ドル以上の〕財産もなげうって、仮想の潔白を証明しようとしたせいだ。総合優勝は剝奪され、二位のスペイン人オスカル・ペレイロが繰りあがる。ランディスの名誉は失墜し、二年間の出場停止処分を食らわされた。良心の重荷をおろしたのは、ようやく二〇一〇年のことだ。ドーピングをしていたと告白した。USポスタル時代のチームメイト、アームストロングもついでに道づれにした。もしドーピングに王国があるとすれば、そこの絶対君主は彼でしかありえないと言いきったのだ。それから何か月か経った二〇一一年十一月、ランディスはフランスでも制裁を受けることになる。執行猶予つき禁固一年、罪状は国立ドーピング検査機関〔LNDD〕へのハッキングだ。ランディス失墜の発端となった機関だった。

ランディスの告白がアームストロングの墓穴となる。その墓地には、ツール・ド・フランスの落ちた王たちが何人も、大量に葬られている。二〇〇六年のツールでも、優勝候補のイタリア人イヴァン・

バッソとドイツ人ヤン・ウルリッヒが、開幕直前に出走取消にされている。大規模なドーピング摘発事件「プエルト」で名前が出てきたからだ。フロイド・ランディスはみごとに言いあてていた。奇跡なんてないんだ。

二〇〇八年——ランテルヌ・ルージュの三連覇

くしに逆らったツンツンの髪の毛、さっきまでイギリスのパブにいて、ビールでごきげんなパンク野郎といった風体だ。平地の国ベルギーの青年は、起伏の起のない戦績の持ち主だ。三十の大台に乗っていて、名人芸の域に達した負け方をする。敗北の数だけ勝利があるのが、ウィム・ヴァンセヴナントの場合だ。聖書の有名な言葉を地でいった。「最後列の者が最前列になるだろう。」

所属チームはシランス・ロット。十三年におよぶプロ生活のなかで、ほとんどなんの成績もあげなかった。それでもちょっといばってみせて、ちょっぴりスターを気どったりした。というのも、その名はツールの歴史にさんぜんと輝くものになったからだ。二〇〇六年、〇七年、〇八年とつづけて最下位の三連覇、ほかにはいない記録だ。総合優勝とのタイム差はいつも四時間前後だ。「最下位のほうが、そのひとつ前よりもいい」と本人は言っていた。なぜかというと、「くすっと笑えるし、名前が売れるからね」。

みくびっちゃいけない。「最後の最後」の達人になるには、手練手管と戦略を駆使して、ものすごく神経をつかう必要がある。グルペットのなかには最下位争いがある。この貴重なポジションをねらって、ひそかに火花を散らす選手たちもいるのだ。別名ランテルヌ・ルージュ、列車の最後尾を識別するための赤ランプに由来する。このグルペットの王国に君臨するのが、「最後尾のヴァン」氏だった。ランテルヌ・ルージュを「勝ちとる」ためには、おくれのサジ加減を考えないといけない。霧の深い山岳でひるんではならないし、タイム差を正確に管理して、タイムアウトを避けなければならない。かつてランテルヌ・ルージュは、度胸と剛毅の象徴だった。賞金が与えられ、プレゼントをもらい、ツール後のクリテリウムにひっぱりだこになったものだ。今はむかしの伝統だ。

もうひとつ質問してみよう。最後と最初の違いはなんだろうね。「あっちがぼくより速く走らないといけないのは確かだな。」皮肉な口ぶりだ。農学の学位をもつウィムは、そう言いおいて、実家の農場に帰っていった。

二〇一〇年——汚染されたステーキ

婿にしたいような笑顔、天使のような顔だち、しのごの言わずにツール・ド・フランスをくれてやりたくなる。いや、そんな必要はない。自分で何度ものにしている。アルベルト・コンタドールは二十四歳のときから、ツール・ド・フランスのコレクターだ。すでに二〇〇七年、二〇〇九年、二〇一〇年と三つもそろえた。マドリード郊外ピント出身の選手は、物腰ていねいで、小石のようにすべすべなくせに、なにかとよく心得ている。観衆の気持ちをつかみ、メディアを魅了するやり方に、とりわけスペインのメディアはいちころだ。フランスのアスファルトを駆けぬけて、人びとを驚嘆させるツボもわかっている。

二〇〇九年のツールのときは、激しい対立のさなかにあった。相手のひとりは監督のヨハン・ブルイネール、もうひとりはハリウッド帰りのチームメイトで、名前はランス・アームストロング。

この細っこい青年は、自分の快挙が疑問視されるのを好まない。二〇〇九年七月二十三日、アヌシーのステージで起きたことがまさにそれだ。無線機なしのタイムトライアルで、オリンピック金メダリストのスイス人、ファビアン・カンチェラーラを下して物議をかもした。関係者はにわかに、デビュー当時からコンタドールにつきまとっていた疑惑を思いだす。しかも四日前、ヴェルビエがゴールの山岳ステージでも、彼はいとも楽々と登っていた。平均勾配七・五パーセントの八・五キロに、二十分五十五秒しかかかっていない。新記録だ。コンタドールはわずか数日で、平坦でも山岳でも世界最速の男になっていた。

彼は批判に対して沈黙で応じた。アヌシーでの勝利のあと、あるジャーナリストがしつこく二回も、あのむちゃくちゃな勝ちっぷりの秘密を問いただした。「VO2マックスはいくつですか。」あつかましいリポーターは、最大酸素摂取量の数値を知りたがった。コンタドールは受け流し、スペイン語で「ほかに質問は《オトラ・プレグンタ》?」とひとこと言って、プレスルームを立ち去った。あとに残されたのは、悲嘆にくれた通夜の席のような凍りついた沈黙だった。

彼が沈黙で応じるのなら、ほかのところで答えを探すまでだ。やばい過去がほじくり出されてきた。最初は所属チームの過去だ。コンタドールは以前、マノロ・サイスのチームにいたことがある。二〇〇六年にドーピング剤の購入現場をおさえられた監督だ。カザフスタンが本拠地のアスタナにもいた。ドーピング問題の続発で、二〇〇八年のツール出場を認められなかったチームだ。二〇〇六年に押収された文書も再浮上した。スペイン人医師、エウフェミアーノ・フエンテスの自宅で見つかり、大規模な摘発〔前出のプエルト〕の発端となった文書だ。そのなかに「A・C」というイニシャルが出てくるものがあったのだ。

二〇一〇年のツールも波乱万丈だ。ポディウムでピストルを撃つポーズが定番の「エル・ピストレロ」は、知られざる一面をあらわにした。勝つためにはなんでもありだ。強敵アンディ・シュレクの不運のおかげで、総合優勝を手に入れる。七月十九日の第一五ステージ、ゴール地バニェール・ド・リュションの手前二一・九キロで、ルクセンブルク人はアタックに出るが、チェーンが外れてしまう。スペイン人はペースをゆるめず、追いついて、引き離した。そしてシュレクから、八秒差でマイヨ・ジョーヌを奪いとった。あとは三度目の優勝めがけてまっしぐらだった。まるでジャージを着たハゲタカじゃないか。ライバルのトラブルに乗じてズラかったわけではない、と本人は言う。

いずれにしても、ツール三勝の王者の破顔一笑にはうさんくさいところがあった。三度目の優勝から二か月後の九月三十日、クレンブテロールの陽性反応が出たことをUCIが発表する。七月二十一日、二度目の休息日にポーで採取した検体だ。この筋肉増強剤の微量な痕跡が尿中に認められた。コンタドールは名誉にかけて言いはった。汚染された肉のせいだ。関係者がスペインから持ってきた肉を検査前日にたいらげたからだ。この大食らいは出場保留処分にされたが、嫌疑が晴れなければ引退も辞さないと息まいた。

スペインが自国選手を支持したのに対し、UCIと世界ドーピング防止機関（WADA）は疑っていた。事件は長びき、二〇一一年のツール出場は認められたものの、成績は「いまいち」の五位に終わる。二〇一二年二月、スポーツ仲裁裁判所（CAS）の裁定がようやく下された。計二年間の出場停止、そして三度目の優勝の抹消だ。

コンタドールのコレクションはツール・ド・フランスだけではない。逸話もいろいろある。二〇〇四年には、ブエルタ・ア・アストゥリアスのステージの最中に、血管腫が破裂しかかった。むずかしい脳外科手術が行なわれ、昏睡状態は三週間にわたった。このときのコンタドールは「驚異の生還者」の名にふさわしいが、今の彼にニックネームをつけるとしたら、「コン・タ・ドルミール・ドブー」あたりだろうか。[1]

（1） 直訳すると「あくびが出そうなほど嘘っぽい話」となる語呂合わせ。「ニックネーム」の項を参照〔訳注〕。

二〇一二年――イギリス人選手たちの参戦

女王陛下の臣民たちが数々のスポーツを生みだしてきた理由は、イギリスをこき下ろす者、つまり多くの人びとの見るところでは簡単な話だ。ある種目で負けたらすぐさま、勝てそうな別の種目に乗りだして、それ以外の種目には背を向けるからで、大陸ヨーロッパ生まれの自転車競技もそのひとつ、イギリス人選手なんて数えるほどしかいなかっただろ、と言う。そこにブラッドリー・ウィギンスが出現して、二〇一二年のツール総合優勝をかっさらった。

イギリス人として型破りかというと、まったく逆だ。細身で長身、どこまでも続くもみあげ、赤茶色の髪の毛、すぐに赤く日焼けする磁器のような肌。ロンドンの下町育ちで、ロックが大好き。それにだいたい、早朝のテレビでミカエル・ユーン[1]のドタバタを見てフランス語を勉強するだなんて、そんな芸当をイギリス人以外にだれができるだろうか。

（1）フランスのマルチタレントで、二〇〇〇～〇二年にM6局の『モーニング・ライヴ』にレギュラー出演していた〔訳注〕。

この国にツール優勝をもたらしたのはウィギンスが初めてで、にわかの自転車ブームがさらに過熱している。十年前は一二人しかいなかったプロ選手が、二〇一二年にはなんと八一人だ。この年は、クリストファー・フルームが総合二位ももたらしている〔二〇一三年に総合優勝〕。イギリスのチーム・スカイの圧勝ぶりは、かつてのランス・アームストロングの「偉大」なUSポスタルをほうふつとさせる。ウィギンスは国民的なスターとなり、この年のロンドン・オリンピック開会式にも出席した。女王からサーの称号を受け、とってもブリティッシュなファッションブランド、フレッドペリーのイメージモデルにもなっている。

とはいえ、興ざめなことを言う者もいた。やつのオールラウンドなぶっちぎり、あれはちょっとないんじゃないの。確かにタイムトライアルは得意で、オリンピックのトラックレースで金メダルを三つ取ったほどだ。けど、山岳はこれまでずっと、どうしようもなく苦手だったはずじゃないか。ウィギンスの秘密は公表されている。前にアームストロングがやったのと同じで、大幅な減量が功を奏したのだ。なのに、彼が二〇〇九年にヴェルビエで、有力選手たちと初めて肩を並べて登坂したとき、アタックをかけはじめたのを見たプレスルームは爆笑につつまれていた。自転車レースをむかしのような目で見ることは、もう永遠にできなくなってしまったのかもしれない。

自転車ミニ用語集

アモリ・スポール・オルガニザシオン（ASO）――『レキップ』や『パリジャン』も傘下にもつアモリ・グループの系列会社で、ツール・ド・フランスを主催する。パリ〜ルベ、パリ〜ニース、ル・ダカール、パリ・マラソンも同社の主催。

プラカードを持っている――マークすべき優勝候補の選手のことをいう。

短靴下が軽い――楽々と漕いでいる、つまり優勢に立っている。「パイプを吹かす」ともいう。

おねんねする――レースからリタイアする。

へり――風のせいでメイン集団から脱落した集団。

ロード隊長――チーム最古参で、指示やアドバイスを与える「知恵袋」的な選手。

ドリンク狩り――飲み物を探しまわること。一九六〇年代までは、選手が自分で探さないといけなかった。泉で停まってボトルに補給する場合が多かったが、バーに入って小瓶や缶などの清涼飲料を引っつかんでいくこともあった。

イモ追走――逃げ集団とメイン集団のあいだにはまり、前方に追いつける見こみもない状態。

ボイラー――ドーピング剤の中毒になっている選手。
タイムトライアル――選手が一斉にではなく順次スタートするステージ。規定の距離をできるだけ短い時間で走ることが目標となる。
ダンシング――サドルに腰かけずに立ち乗りした体勢。ペダルに入る力が増すため、登坂時に多く使われるが、エネルギーの消耗も増える。
ギア倍数――クランク一回転で進む距離のことで、ペダルがついたチェーンホイールの歯数と後輪についたピニョン〔小ギア〕の歯数との比、つまりギア比の大きさに左右される。チェーンホイールが大きくピニョンが小さいほど長くなる。
逃げ――ひとりまたは複数の選手がメイン集団を抜けだして、レースの先頭に立つこと。
爆発する――力尽きて、急に集団から脱落する。
ぶっ放す――いきなりアタックをかけて、ライバルたちに不意打ちを食らわせる。
ハンガー・ノック――カロリー不足で急に疲労感に襲われること。低血糖症ともいう。
引っかく――メイン集団のなかで好位置をとろうとして、肘や腕、肩でほかの選手に触れる。
グルペット――山岳ステージでおくれた選手たちが、力を合わせて規定時間内にゴールするために形成する集団。
クリーンな水でいく――ドーピング剤をまったく使わない選手のことをいう。
水の運び屋――エースをアシストする役割のチームメイトのこと。エースのために走り、風よけをつとめ、車に飲食物を取りに行く。こうしてエースの力を温存する。「召使い《ドメスティク》」ともいう。

ベルギーの一杯――ドーピング剤のごた混ぜカクテルのこと。レシピはさまざまだが、コカイン、アンフェタミン、ヘロイン、モルヒネを入れるのが一般的。

交代をやる――逃げ集団またはメイン集団の先頭に立つこと。ペースメーカーをしばらくつとめてから、牽引される後方に戻り、力を温存する。

プロローグ――レース初日に行なわれる何キロかの短いタイムトライアル・ステージ。

板の体勢をとる――集団の先頭を長くつとめて、ほかの選手たちよりも力を消耗する。

ホイールをしゃぶる――ライバル選手のすぐ後ろに張りついて、相手を風よけに使い、その力に便乗する。

出立券――メイン集団から抜けだすのを公然と、または暗に容認されること。総合上位に絡んでくるおそれのない選手の場合が多い。

国際自転車競技連合（UCI）――世界の自転車競技を取りしきる国際的な連盟機関で、選手のランキングに用いる二九〔二〇一四年は二八〕の主要レースに「UCIワールド・ツアー」の元締め。それらのレースの筆頭はもちろんツール・ド・フランスである。

むかしながらの風物詩

古めかしく、埃くさい白黒写真。そんな往時のイメージもツール・ド・フランスは保ってきた。ステージのひとつひとつに、語るべき過去の栄光、かつての快挙がある。でも、それだけではない。出場者と関係者が朝な夕な、むかしながらの独特の所作を繰りかえす。そうしたささやかな伝統もまた、ツールの一部を形づくっている。いくつか例をあげてみよう。

出走署名《エマルジュマン》——選手たちは毎日スタートの前に、ラインのところで書類にサインする。ヘルメットもゴーグルもつけず、まだちょっとリラックスしている姿を見るならこのときだ。

仮スタート——ステージが本格的に始まる前の数キロのあいだ、ゆっくりとパレード走行して、観衆の目を楽しませてくれる。

ほうき車《ヴオワチユール・バレ》——延々と続く選手と自動車の列の最後尾にいて、リタイアした選手を収容する。一九一〇年に始まるが、こんにちではほとんど実用的な意味はない。ロードの脱落者たちはチームカーに逃げこもうとするからだ。そうはいっても、ほうき車を廃止するわけにはいかない。あそこで魔法の空間はおしまいだとばかり、観衆がいつまでも、いつまでも見送っている以上は。

黒板係《アルドワジエ》——オートバイの上から選手たちに、逃げがどれぐらい前か、おくれがどれぐらい後ろか、黒板とチョークでタイム差を知らせる。今では無線機とGPSによって、逃げがどれぐらい前なのかリアルタイムでわかるから、もはや時代おくれのサービスだ。それでも絶対に欠かせない存在で、廃止するなんて考えられない。

ラジオ・ツール——一九三七年に開始された公式放送。伴走する関係者は、レースの状況がほとんどなにも見えず、放送を通じて把握することになる。逃げが起きるたびに、そこに入っている全員の名前をはじめ、詳しい様子がリポートされる。メカのトラブルも伝えられ、その不運な選手のチームが対策をとりやすくなる。主催者側の指示の伝達や、関係車両の交通整理、あるいは来賓名の発表などにも使われている。

フラム・ルージュ〔赤い長旗〕――コース上方に掲げられ、残り一キロの地点を示す旗で、一九〇六年に導入された。平たくいえば、ここから先がゴール前の最後の激戦地だ。

花束とぬいぐるみ――ゴール地点の恒例行事だ。迎賓役の女性《ポディウム・ガール》たちから花束、それに優勝者とマイヨ・ジョーヌへのキスが贈られる。つづけて総合首位の選手には、あのライオンのぬいぐるみが渡される。一九八七年からの慣例で、提供者はマイヨ・ジョーヌのスポンサーだ。ぬいぐるみの伝統は、なにがあろうと続いていくだろう。スポンサーのクレディ・リヨネ銀行が、不祥事で悪化したイメージからの脱皮をはかって、二〇〇五年にＬＣＬに改称したときも、このライオンだけは生き残ったのだから。

郵便――二十年前から移動郵便局が開設され、だれでもツールの選手に手紙を送れるようになった。封筒に書くのは名宛人、所属チーム、受け取り先に指定するステージ地の名前だ。二〇一二年には世界中から、二一〇〇通のメッセージが寄せられた。でも、フェイスブックやツイッターという強力なライバルも出現している。手紙部門の栄冠に輝くのはリシャール・ヴィランク、一九九〇年代半ばに一日八〇〇通を記録した。

沿道の群像

彼らなくしてツールは存在しない。彼らがいなければツールは無意味だ。一世紀以上も前から、夏が来るたび、おばさんの家にあいさつに出かける人たちがいるように、自転車レースにあいさつに出かける人たちがいる。あの「周遊」は、家族や友だちといっしょに見に行くものだ。だから沿道には、何百万もの多彩な顔が並んでいる。でも選手をはじめ、ツールの一行に向けるまなざしはどれも同じだ。熱っぽくて、愛情に満ちている。ほとんど理屈もへったくれもない。

ツール・ド・フランスは近所に、しかもタダでやってくるスポーツ競技だ。一九〇三年からずっとそうだ。ドアを開け、窓を開け、ちょっと外に出るだけで、走りぬけていく一団の息づかいが感じられる。ほんの一瞬の出来事でしかないけれど。そして家族のすてきな秘密のように、父から息子へ、祖父から孫娘へと、ツール観戦は世代を超えて受け継がれる。おとなになっても、つつましい巡礼者のように、またここに戻ってくる。赤毛のイヴェット・オルネールとの再会を期待したりしながら、子供のころをなつかしむ。「魔王《エル・ディアブロ》」のように、毎回おなじみの顔ぶれもいる。何年も前から全ステージに現われるベルゼブブの扮装の主は、ツールが好きで好きでたまらないドイツ人の男性だ。

ツールはそうした無名の人びとだけではない。忘れられたフランス、知られざるフランスの発見でもある。隠れ里のような場所を訪ね、世界の反対側にでもありそうな風景に見とれ、すでに消滅したと思われていた味わいぶかい方言にめぐり会う。古びた鐘楼のような永遠のまどろみに沈んでいた僻地の村が、ツールの来訪で息を吹きかえすこともある。

ふつうの一般人が、ツールのときはヒーローや伝説の間近に行って、触れることだって、話をすることだってできる。あのときは、埃と汗にまみれ、血を流していた。泣かせたり、笑わせたりしてくれた。自分がツールに心酔したきっかけ、ときには嫌気がさしたきっかけだった。すぐそこで輝きを放っているのは、まさにあの選手じゃないか。そんなことが体験できるスポーツイベントはほかにない。

沿道の観衆は、フランス社会を形づくる田舎の人びとそのものだ。自国びいきで、外国のライバルをこき下ろす。成功をやっかんでケンカを売る。役者に惚れこんで激励する。なにかにつけて糾弾し、プラカードを高々と掲げる。ドーピング反対だけじゃなく、病院閉鎖反対とか、学校閉鎖反対とか、もっと政治色の強いプラカードもある。

戦争でなくなりはしなかったのと同様に、ドーピングでツールの人気がなくなることはなかった。山岳ステージの導入がとりわけ効いている。人びとはあいかわらず、晴れの日も雨の日も沿道で、ツールに喝采を送っている。二〇〇台のキャラバン隊が、一五〇〇万個のグッズをまきちらすのを待ちかまえている。主催者によれば二〇一二年には、三八か国から総計一二〇〇万人が来た。六五パーセントが男性で、五五パーセントが五十歳以下、一二パーセントは十五歳以下だ。二〇パーセントを外国人が占める。平均して六時間四十五分、山岳ステージでは九時間二十二分のあいだ、このものすごい数の観衆が沿道にいる。そう、沿道だ。ほかのどこよりもよく、ツール・ド・フランスの鼓動が聞こえる場所だ。

訳者あとがき

ツール・ド・フランス？　あの自転車レースか。本書三五頁に出てくる有名ジャーナリストを気取るわけではもとよりないけれど、白水社の浦田滋子さんから原著が送られてきたとき、戦争や革命、植民地や人道状況といった分野のほうが関心の強い訳者はいまいち気乗りがしなかった。ところがそこには、めくるめく未知の小世界が広がっていて、フィクションなら作りこみすぎなぐらい完璧な群像劇が展開されていた。

夏が来るたび、世界トップクラスの選手たちが、三週間にわたってフランス各地（プラス、年によっては国外各地）の風景をバックに、山あり谷ありの数千キロを走りぬく耐久レース。一九〇三年に始まり、二度の大戦による中断を経て、二〇一三年に一〇〇回目を迎えた。原著 ***Les 100 histoires du Tour de France*** は、その直前の五月に刊行されたものだ。

二人の著者、ムスタファ・ケスス、クレマン・ラコンブの両氏は、それぞれ日刊紙『ル・モンド』スポーツ記者、週刊誌『ル・ポワン』経済記者で、共同でツール・ド・フランスの記事を『ル・モンド』に書いたことがある。単著で二〇一二年の『オリンピック一〇〇話』、近刊の『ワールドカップ一〇〇話』を合わせて「スポーツ三部作」を完成させたケスス氏は、アラブ系のファーストネームと顔だちのために、ツールも含めて取材のときに、何度もいやな思いをされているようだ。

この二人が、第一回大会に先立つ前史を含めて一世紀以上におよぶレース史のなかから、さまざまな話題をピックアップして、一〇〇にしぼりこんだのが本書だ。黄色や緑、赤玉や白のジャージ、レースのハイライトとなっている難所の峠など、基本的なトピックはもちろん入っている。ドーピング問題のような陰の面についても、随所でかなり取りあげられている。シャンゼリゼがいつ、どんなふうにして、最終ゴール地になったかも知ることができる。

とはいえなんといっても本書の最大の「読みどころ」は、次から次へと現われるタフガイたちと、彼らが織りなす悲喜こもごものドラマだろう。クリストフと鍛冶場、ピュイ・ド・ドームの一騎打ちのような有名な伝説だけではない。憲兵を怒らせ、そこをなんとか穏便におさめようとした主催者の努力もホゴにした「やんちゃ男」の大あばれ、まさかの優勝を果たしたクライマーと、彼をあおりまくった監督との路上の攻防戦など、ファンの人でも初耳かもしれない抱腹絶倒のエピソードもちりばめられている。

でもむしろ、この本がツボにはまるのは、訳者のようにフランスのことはそれなりに知っているけれど、ツールについてはツの字ぐらい、という人かもしれない。こんなにも続いてきて、こんなにも人気がある、一種グローカルなスポーツイベントの秘密が、本書の端々からかいま見えてくるからだ。そこを分析したロラン・バルトの批評のさわりが引用されていたり、のっけからドレフュス事件が登場したりで、好奇心がくすぐられる。フランス初のテレビ実況中継は一九四八年、ツール・ド・フランスのフィナーレだった、なんてことも書いてある。

訳出にあたっては、積み上げたらイズラン峠の高さにでもなりそうな固有名詞のカタカナ化をどう料理するかが悩ましかった。できるだけ原音を確認しつつも、自転車レース分野での慣用、一般的な慣用も加味したため、結果的には定冠詞省略の有無なども含めて、一貫性に乏しいことをお断り申しあげたい。また、細かな数字のミスなどは、主催者の公式ウェブサイト（http://www.letour.fr）等に準拠して、訳者の責任で訂正した。

二〇一三年の大会は、本書の最後のあたりで出てくるチーム・スカイ所属のクリス・フルームが総合優勝し、イギリス勢の二連覇となった。初めてルート入りしたコルシカ島での初日に、ライン上で立ち往生した関係車両のせいで、ゴール地点が再三変更されての大混戦スプリントや、南アフリカ出身の選手による初のマイヨ・ジョーヌ獲得など、後世に語り継がれそうなエピソードがさらに加わった。

二〇一四年は七月五日にリーズで開幕し、三日間イギリスを走ったのちに、フランス東部を南下してアルプス越え。お次はもちろんピレネー越え、そして二十七日にシャンゼリゼという全長三六五六キロのルートとなる。個人タイムトライアルが最終日の前日だけで、山岳ステージが六つ、山頂ゴールが五回、クライマーに有利でフルームつぶしだという観測もある。毎春パリ〜ルベで使われる石畳《パヴェ》のコースが、第五ステージのゴール前で、一五・四キロにわたって盛りこまれたことも特徴だ。新たな一〇〇回に向けての一回目がまた刻まれる。

二〇一四年四月

斎藤かぐみ

本書は、2015年刊行の『ツール・ド・フランス100話』第2刷をもとに、オンデマンド印刷・製本で製作されています。

訳者略歴
斎藤かぐみ（さいとう・かぐみ）
1964年生まれ
東京大学教養学科卒業　欧州国際高等研究院（IEHEI）修了
フランス語講師・翻訳
主な訳書に『力の論理を超えて――ル・モンド・ディプロマティーク1998-2002』（共編訳、NTT出版）、ベアトリス・アンドレ=サルヴィニ『バビロン』、ジャック・プレヴォタ『アクシオン・フランセーズ』、ピエール・アルベール『新聞・雑誌の歴史』（以上、白水社文庫クセジュ）、アンヌ=マリ・ティエス『国民アイデンティティの創造』（共訳、勁草書房）、セジン・トプシュ『核エネルギー大国フランス』（エディション・エフ）などがある。

文庫クセジュ　Q 991
ツール・ド・フランス100話

2014年6月5日　第1刷発行
2021年5月30日　第3刷発行

著　者　ムスタファ・ケスス
　　　　クレマン・ラコンブ
訳　者 ©　斎藤かぐみ
発行者　及川直志
印刷・製本　大日本印刷株式会社
発行所　株式会社白水社
東京都千代田区神田小川町3の24
電話　営業部 03（3291）7811 / 編集部 03（3291）7821
振替　00190-5-33228
郵便番号　101-0052
www.hakusuisha.co.jp

乱丁・落丁本は、送料小社負担にてお取り替えいたします。
ISBN978-4-560-50991-3
Printed in Japan